Vier Jahreszeiten in Deutschland

Frühling

Sommer

Winter

Herbst

Yasushi Kawasaki

Anna Saito

Kyota Shimomura

Shimon Nakanishi

Chihiro Nakamine

Ayako Murakami

ASAHI Verlag

音声ダウンロード

 音声再生アプリ **「リスニング・トレーナー」**

朝日出版社開発の無料アプリ、「リスニング・トレーナー（リストレ）」を使えば、教科書の音声をスマホ、タブレットに簡単にダウンロードできます。どうぞご活用ください。

まずは「リストレ」アプリをダウンロード

≫ **App Store** はこちら

≫ **Google Play** はこちら

アプリ【リスニング・トレーナー】の使い方

① アプリを開き、「**コンテンツを追加**」をタップ

② QR コードをカメラで読み込む

③ QR コードが読み取れない場合は、画面上部に 25481 を入力し「**Done**」をタップします

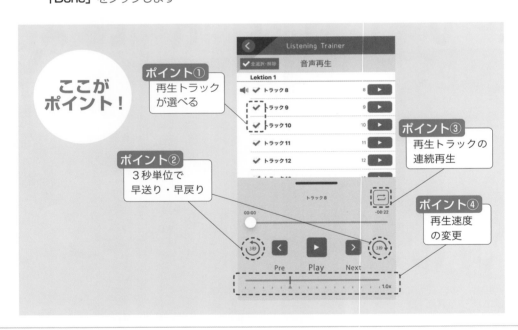

ここがポイント！

ポイント① 再生トラックが選べる

ポイント② 3秒単位で早送り・早戻り

ポイント③ 再生トラックの連続再生

ポイント④ 再生速度の変更

QR コードは㈱デンソーウェーブの登録商標です

音声ストミーリングページ

https://text.asahipress.com/free/german/4Jahreszeiten24/

ま　え　が　き

　本教材『ドイツの四季　デジタルテキスト＋α』は 26 課で構成され、4 月から始まり 2 月ごろに終わるという大学での授業に合わせて、前期と後期でそれぞれ 13 課ずつ（1 回の授業で 1 課を）進めることにより、イースターからオクトーバーフェスト、クリスマス、カーニバルというドイツの 1 年間の行事をなぞれるようになっています。ドイツに関するさまざまなジャンルの Landekunde（文化事情）を盛り込み、学習者が課題を通してドイツへの理解が深まるように工夫しています。

　まず初めに、映像資料で視覚的にドイツという国のイメージをつけた後、Landeskunde に関する調べやテーマに沿った文法が学べるよう構成されています。歴史・政治・音楽・教育・スポーツなど 1 課につき 1 テーマを取り上げ、授業の現場で学生たちが議論する素材を整えました。

　また、本教材の何よりの特徴は、紙媒体の教科書としてだけではなく、授業中に随時デジタルテキストとを行き来し、学習中の内容を立体的に膨らませることができるという点にあります。デジタルテキストには、埋め込まれた動画と音声・関連ページへのリンク・覚えるべき表現を使った Dialog・補足としての関連語・その課の文法のまとめ・読み物（後半の課のみ）・文法練習ドリル（ダウンロード形式）を用意しました。本書での学習を通じ、学習者はドイツ語という言語だけでなく、ドイツ、ひいては他のドイツ語圏の国に関する知識を得ることができます。

　本教材は河崎が作成した原案を基に、齋藤・下村・中西・中峯・村上（五十音順）が分担して執筆し、頻繁に会合をもち、お互いの担当部分について確認し合いました。各課の「はじめに」・「課題」は下村が、Übungen は（一部イラストを含め）村上・齋藤が、テキスト・コラムは中西が、文法は中峯が担当しました。執筆者みなの専門が言語学ということもあり、通常の入門者向け教材では扱われることのない方言に関しても最終課で取り上げています。

　本教材を活用し、ドイツ語とドイツ文化への興味と理解を深めていただけることを私たち著者一同、心から願っています。

2023 年 10 月
河崎 靖・斎藤杏奈・下村恭太・中西志門・中峯ちひろ・村上絢子

目 次

ドイツ語圏略地図

はじめに

Das Alphabet

ドイツ語圏略地図（  はドイツ語使用地域）

は じ め に

　ドイツ語はドイツ連邦共和国とオーストリアの全域、またスイスのほぼ３分の２、そしてルクセンブルク・リヒテンシュタインで公用語として用いられている言語（母語人口は約一億人強）です。大きく見れば、インド・ヨーロッパ語族の１言語で、英語とともにそのうちのゲルマン語派に属します。

　ドイツ語は英語とともにゲルマン語派のうちでも西ゲルマン語に属し、きわめて近い姉妹関係にあり、基本的な語彙を比べるとそれがよくわかります。

（英）house ―（独）Haus

　このように、元々はほとんど同じような言語でしたが、現在の北ドイツとデンマーク境にいたアングル族とザクセン族が５世紀に現在のイギリスに移住し、その地でノルマン・コンクエスト以降にフランス語から大きな影響を受けてでき上がったのが英語です（Anglo-Saxon とか English という言葉はこの古い部族の名に由来します）。一方、大陸にとどまった西ゲルマン語群のうち、南に進出した部族の言葉（現在の標準ドイツ語の原形）は、時とともに以下のような子音の変化を蒙って、古い子音をよく残す英語や北部部族の言語（スウェーデン語・ノルウェー語など）との違いが大きくなりました。しかし、この子音の対応関係を念頭に置くと、一見無関係な語彙も、実際にはかなり似ていることがわかります。

1) 語頭音・重音	p → pf	（英）plant	―（独）Pflanze
2) それ以外	p → ff, f	（英）deep	―（独）tief
3) 語頭音・重音	t → z	（英）tell	―（独）zählen
4) それ以外	t → ss	（英）eat	―（独）essen
5) 語頭音・重音	k → kch → k	（英）come	―（独）kommen
6) それ以外	k → ch	（英）make	―（独）machen
7) 語頭音	d → t	（英）day	―（独）Tag

　ドイツは中央ヨーロッパの西部に位置しており、およそ 8,300 万人が暮らしています。ドイツといえばサッカーやビール、ソーセージ、パンなどが思い浮かぶでしょうか？ ドイツもドイツ語もあまりなじみがないと感じる人もいるかもしれません。実は、よく使われる外来語の中にはドイツ語由来のものもあります。例えば「リュックサック」は「Rucksack」、「ゲシュタルト崩壊」の「ゲシュタルト」は「Gestalt」です。「レントゲン」は X 線を発見したドイツ人物理学者の Röntgen に由来します。レントゲンはノーベル物理学賞を受賞しましたが、彼のほかにもドイツは様々な分野で著名な人物を輩出しています。物理学者のアインシュタイン、天文学者のケプラー、哲学者のカント、ニーチェ、詩人のゲーテ、童話で有名なグリム兄弟、そして音楽家のバッハやベートーヴェンもドイツ出身です。

Das Alphabet

A a	*A a*	aː		Q q	*Q q*	kuː
B b	*B b*	beː		R r	*R r*	ɛr
C c	*C c*	t͡seː		S s	*S s*	ɛs
D d	*D d*	deː		T t	*T t*	teː
E e	*E e*	eː		U u	*U u*	uː
F f	*F f*	ɛf		V v	*V v*	faʊ
G g	*G g*	geː		W w	*W w*	veː
H h	*H h*	haː		X x	*X x*	ɪks
I i	*I i*	iː		Y y	*Y y*	ýpsilɔn
J j	*J j*	jɔt		Z z	*Z z*	t͡sɛt
K k	*K k*	kaː				
L l	*L l*	ɛl		Ä ä	*Ä ä*	ɛː
M m	*M m*	ɛm		Ö ö	*Ö ö*	øː
N n	*N n*	ɛn		Ü ü	*Ü ü*	yː
O o	*O o*	oː				
P p	*P p*	peː		ß	*ß*	ɛs-t͡sɛ́t

Bundesland

ドイツの諸都市

Einführng

ドイツを知るために、次の映像を見てみましょう。
ここではドイツの諸都市が紹介されています。まずは、ドイツの都市名をドイツ語圏略地図で確認し、知っている
ドイツの街をあげてみましょう。

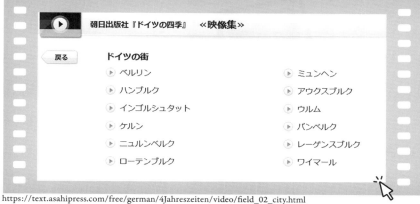

朝日出版社『ドイツの四季』 ≪映像集≫

戻る　　**ドイツの街**

- ベルリン
- ハンブルク
- インゴルシュタット
- ケルン
- ニュルンベルク
- ローテンブルク

- ミュンヘン
- アウクスブルク
- ウルム
- バンベルク
- レーゲンスブルク
- ワイマール

https://text.asahipress.com/free/german/4Jahreszeiten/video/field_02_city.html

はじめに

NRW の紋章

　ドイツは、16の州から成り立つ連邦共和国（Bundesrepublik）です。その中でもドイツ最大の人口（Bevölkerung）
を誇る州が、ドイツの北西部に位置し、ベルギーやオランダと隣接しているノルトライン・ヴェストファーレン州
（Nordrhein-Westfalen：NRW）です。その人口は1,806万人（全ドイツ人口8,242万人の22％）で、旧東ドイツ全
域の人口（1,400万人）よりも多く、その州都（Hauptstadt）はデュッセルドルフ（Düsseldorf）です。ここはドイ
ツの中で日本人が最も多く生活している街であり、約6,000人もの日本人が住んでいます。ちなみに、デュッセルドル
フの人口は64万人ですから、6,000人といえばデュッセルドルフの人口の約1％を占めることになります。

　デュッセルドルフでは、驚きの光景を目の当たりにするかもしれません。その理由は、大きな通りの至る所に日本語
で書かれた看板が見えるからです。この風景はドイツの他の都市では味わえないと思います。さらに、毎年多くの人で
賑わうJapan-Tagという日独交流イベントが開催され、そこでは様々な日本文化が紹介されます。

課　題

　ドイツでは州毎に個性が見られます。例えば、ドイツの中央に位置するヘッセン州（Hessen）のフランクフルト
（Frankfurt am Main）は、空の交通の中心地であり、さらに金融の中心地でもあることから、経済の要となっています。
また、日本と違って人口は首都圏に集中しておらず、地方に分散しています。そのことは、大企業の本社が大都市だけ
でなく、地方に置かれていることから推測できます。このように都市によって異なる特徴が見られるドイツをさらに調
べてみましょう。その際、ドイツ語圏略地図に記載されている都市の中から1つ選び、政治、経済、文化などの視点か
ら調べてみましょう。

03 **1** ドイツ語のスペリングに慣れましょう。

❶ 次のドイツ語の単語を子音に気をつけながら発音しましょう。

Bach	Baumkuchen	Dachshund	Märchen	Tschechien
Volkswagen	Leibniz	Hamburg	Doppelgänger	Panzerfaust
Waltz	Landsknecht	These	Edelweiß	

 04 **❷** 次のドイツ語の単語を母音に気をつけながら発音しましょう。

Autobahn	Röntgen	Einstein	Gelände
Deutschland	Präparat	Hysterie	Hütte

  05 **2** ドイツの都市名をディクテーションしてみましょう。

① ....

② ....

③ ....

月の名前を覚えましょう。

Januar	1月	Februar	2月	März	3月	April	4月
Mai	5月	Juni	6月	Juli	7月	August	8月
September	9月	Oktober	10月	November	11月	Dezember	12月

  季節の名前を覚えましょう。

der Frühling　春

der Sommer　夏

der Herbst　秋

der Winter　冬

  曜日の名前を覚えましょう。

Montag 月曜日	Dienstag 火曜日	Mittwoch 水曜日	Donnerstag 木曜日
Freitag 金曜日	Samstag 土曜日	Sonntag 日曜日	

ドイツ語には他の言語に一言では翻訳できない単語が多くあると言われています。
次の単語の意味を調べてみましょう。

① Fernweh　　　**②** Schadenfreude　　　**③** Wanderlust

Kolumne コラム

　ドイツが統一され、一つの国民国家として成立したのは明治維新よりも後の、1871 年のことでした。それまで現在のドイツに相当する地域にはプロイセン王国やバイエルン王国のような異なる国がありました。そのため、現在でもドイツ各地には文化的な差異が見られ、特に北部と南部ではかなりの違いが見られます。ある国のイメージとして外国人が抱くものはしばしばその国全体に当てはまるものではなく、一つの地域のステレオタイプであることもあります。例えば、我々日本人がイタリアについて抱くイメージはナポリなどの南部についてのものであることが多いですが、ドイツについてはどうでしょうか？　ドイツといったらどのようなものが思いつくでしょうか？　ソーセージ？　ジャガイモ？　ビール？　レーダーホーゼン？　ディアンドル？

　実はビールのイメージが強いドイツにも、南部と西部のようにワインが優勢な地域もあります。また、レーダーホーゼンやディアンドルはバイエルンのような南部の衣装です。

Ostern

イースター（復活祭）

Einführng

ドイツを知るために、次のホームページを活用してみましょう。
ここではドイツの伝統行事・イベントが紹介されています。
キリスト教の春の祝祭、イースター（復活祭）について調べてみましょう。

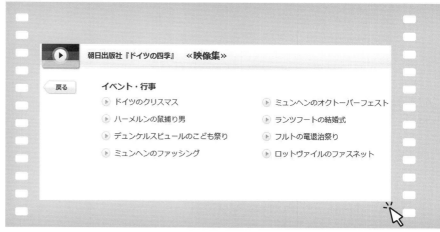

https://text.asahipress.com/free/german/4Jahreszeiten/video/mov_01_culture_02_food-cul.html

はじめに

　イースター（復活祭）とは、イエスが十字架で磔刑に処され、死後３日目に蘇ったことを祝う日のことです。『子なる神であるキリストが、死して蘇り、罪と死からの救いを確証し、やがて終末の日に主を信じる者がすべて蘇るという希望を確かなものとする』というのがイースター（復活祭）の趣旨になります。この祝祭の日の、暦上の月日は毎年変わります。というのは、『春分の後の第一の満月後の日曜日』と定められているからです。そして、ドイツではイースターはクリスマスと同様にとても重要な祝祭であり、盛大にお祝いします。

課　題

　みなさんはイースターの時期になると、卵やウサギで装飾された商業施設やテーマパーク、卵やウサギをモチーフにしたチョコレートなどの商品がお店に陳列されているのを見かけたことがあるかと思います。しかし、そもそもイースターで卵とウサギが関連付けられているのはなぜでしょうか。その理由を調べてみましょう。

09 **1** **Rollenspiel**：ペアになって会話練習をしましょう。

❶ どこに住んでいるかを尋ねてみましょう。（目上の人、あるいはフォーマルな場面）

A： Wo wohnen Sie, Herr Schmidt?

　　どこに住んでいるのですか、シュミットさん？

B： Ich wohne in Köln.

　　私はケルンに住んでいます。

> どこに住んでいるか尋ねる（相手が親しい人の場合）
> ■ Wo wohnst du?　　どこに住んでいるの？
> ■ Ich wohne in ...　　…に住んでいます。

10 **❷** 専門科目を尋ねてみましょう（相手が親しい人の場合）

A： Studierst du Geschichte?

B： Ja, ich studiere Geschichte.

B： Studierst du Biologie?

A： Nein, ich studiere Medizin.

11 専攻科目（Fächer）

Deutsch　ドイツ語	Französisch　フランス語	Englisch　英語
Japanisch　日本語	Chinesisch　中国語	Sprachwissenschaft　言語学
Philosophie　哲学	Kunst　芸術	Geschichte　歴史
Mathematik　数学	Physik　物理学	Chemie　化学
Biologie　生物学	Technik　工学	Agrarwissenschaft　農学
Medizin　医学	Pharmazie　薬学	Jura　法学
Wirtschaftwissenschaft　経済学		

フンボルト大学（ベルリン）

ルートヴィヒ・マクシミリアン大学（ミュンヘン）

3 国籍を尋ねてみましょう。（相手が親しい人の場合）

A : Bist du Schweizer?

B : Ja, ich bin Schweizer.

国籍を尋ねて答える（相手が親しい人の場合）
- Bist du ...? 　　　君は…人？
- Ja, ich bin ... 　　はい、私は…人です。
- Nein, ich bin ... 　いいえ、私は…人です。

国籍（Nationalität）

	男性	女性
日本人	Japaner	Japanerin
ドイツ人	Deutscher	Deutsche
オーストリア人	Österreicher	Österreicherin
フランス人	Französe	Französin
イギリス人	Engländer	Engländerin
アメリカ人	Amerikaner	Amerikanerin
ロシア人	Russe	Russin
インド人	Inder	Inderin
イタリア人	Italiener	Italienerin
中国人	Chinese	Chinesin

2 数字の読み方を覚えましょう。

1 eins	6 sechs	11 elf	16 sechzehn
2 zwei	7 sieben	12 zwölf	17 siebzehn
3 drei	8 acht	13 dreizehn	18 achtzehn
4 vier	9 neun	14 vierzehn	19 neunzehn
5 fünf	10 zehn	15 fünfzehn	20 zwanzig

3 数字を言ってみましょう。

1 自分の電話番号を言ってみましょう。

2 電話番号を尋ねてみましょう。

国籍を尋ねて答える（相手が親しい人の場合）
- Wie ist deine Telefonnummer/ Handynummer?
  － Meine Telefonnummer ist ...

7

次の文を翻訳し、その意味や背景を調べてみましょう。

Stadtluft macht frei.

キーワード 神聖ローマ帝国、帝国都市、領邦国家、Stadtluft（都市の風）

Kolumne コラム

　ハーメルンの笛吹き男、あるいはネズミ捕り男（Rattenfänger von Hameln）について聞いたことはあるでしょうか？これは童話で有名なグリム兄弟（Brüder Grimm）の『伝説集（Deutsche Sage）』も伝えている奇妙な話です。

　1284年6月26日にハーメルンという街で130人の子供達が失踪したという、どうやら事実らしき話に様々な尾ひれがついてできた伝説のようです。それによるとネズミに悩まされていたハーメルンの街に色とりどりの服を着た男が現れ、ネズミ退治を買って出るのです。住民は報酬を約束します。男が笛を吹くと町中のネズミが集まり、男がそれを引き連れて川に入って溺死させます。しかし、住民が報酬の約束を反故にしたため、怒った男は今度は町中の子供を引き連れ処刑場のあたりで忽然と姿を消してしまうのです。

　この話はある程度事実に基づいていると考えられており、これまで様々な説が立てられてきました。少年十字軍、東方植民、近隣勢力との戦争で若者が死んだためなどです。しかし、初めから子供達が失踪したこととネズミが関連していたわけではなく、最も古い記録では単に子供が失踪したことが伝えられているのみです。

夏に開催される市民劇

ハーメルンで見られる
ネズミをモチーフにし
た飾り

Auto

自動車大国ドイツ

Einführng

ドイツを知るために、次のホームページを活用してみましょう。
ここではドイツのアウトバーンについて紹介されています。

https://text.asahipress.com/free/german/4Jahreszeiten/video/mov_11_traffic_03_Autobahn.html

はじめに

　日本の高速道路では多くの区間が制限速度（Geschwindigkeitsbegrenzung）100kmとなっていますが、ドイツの高速道路アウトバーン（Autobahn）では、速度が無制限であることから100km以上の速度で走っている車が多く見受けられます。とはいえ、制限速度を設けている区間もあり、その割合は近年増えてきています。また、近年の交通量増加に伴う混雑により、昔ほど速度は出せないようです。そして、アウトバーンは原則として無料ですが、その分自動車税や燃料税に課税されており、これらの税金がアウトバーンの維持費に充てられています。アウトバーンには、サービスエリアやパーキングエリアも随所に設置されており、快適な長距離走行ができます。ちなみに、サービスエリアのトイレは日本と違って有料ですが、その代わりに使用後はサービスエリア内での食事や買い物に使えるチケットがもらえます。

課　題

　日本で見られる自動車は様々ですが、みなさんはベンツ（Mercedes-Benz）、BMW（Bayerische Motoren Werke）、アウディ（Audi）、ポルシェ（Porsche）、フォルクスヴァーゲン（Volkswagen）などの自動車メーカーの名前を一度は耳にしたことがあると思います。実は、上記の自動車メーカーはすべてドイツ車です。ドイツ車は世界的に有名なものばかりであることからわかるように、ドイツでは自動車産業が重要な役割を担っています。
　さて、世界トップクラスのシェア数を誇るドイツの自動車メーカーですが、自動車産業の始まりは一体どのようなものであり、その後どのように発展し、今日自動車大国と呼ばれるようになったのでしょうか。調べてみましょう。

1 さいころ（Würfelspiel）で動詞の変化を勉強しましょう。
ペアになって下さい。さいころを2回振って、最初に出た目で主語を、次に出た目で動詞を下から選び、文章を作りましょう。

主語 ① ich ② du ③ er/sie/es ④ wir ⑤ ihr ⑥ Sie (you) /sie (they)

動詞 ① sein ② aus ... kommen ③ in ... wohnen ④ heißen ⑤ studieren ⑥ lernen

2 会話練習をしてみましょう。
ペアになり、カードの人物をカードの情報をもとに相手に紹介しましょう。

Person ①

名前	Christine Herrmann
出身地	Deutschland
話せる言語	Deutsch
趣味	Filme sehen

Person ②

名前	Katy Blunt
出身地	die USA
話せる言語	Englisch
趣味	Auto fahren

Person ③

名前	Anna Gisiger
出身地	die Schweiz
話せる言語	Deutsch
趣味	essen

Person ④

名前	Elia Zanetti
出身地	Italien
話せる言語	Italienisch
趣味	wandern

Person ⑤

名前	Cécile Esch
出身地	Frankreich
話せる言語	Französisch
趣味	schlafen

Person ⑥

名前	Sergio de la Puente
出身地	Spanien
話せる言語	Spanisch
趣味	Kamera

Person ⑦

名前	Rebecca Gonzales
出身地	England
話せる言語	Englisch, Sprachen
趣味	lernen

Person ⑧

名前	Ivan Kuznetsov
出身地	Russland
話せる言語	Russisch
趣味	Lesen

3 車のナンバーを読み上げましょう。

① S:EL39

② M:YR57

③ B:TG10

4 ドイツ語で一番長い単語は何でしょうか？ 調べてみましょう。

答：Donaudampfschifffahrtselektrizitätenhauptbetriebswerkbauunterbeamtengesellschaft

「ドナウ汽船電気事業本工場工事部門下級官吏組合」

ギネスブックに登録された、ドイツ語の一番長い単語です。さて、なぜこのような長い単語ができるのでしょうか？ ドイツ語では、日本語と同様に単語をつなげて一つの言葉を作ります。この単語に即して言えば、

Donau - Dampf - Schifffahrt - Elektrizitäten - Haupt - Betrieb - Werkbau - Unterbeamten - Gesellschaft

というように分解して、それぞれの語の意味を統合していきます。他にも、ドイツ語の長い単語はたくさんあります。

辞書を使って長い単語の意味をいくつか調べてみましょう。

例　Streichholzschachtel ＝ streichen 擦る ＋ Holz 木 ＋ Schachtel 箱

① Sonntagnachmittag

② Anrufbeantworter

③ Geschwindigkeitsbegrenzung

次の文を訳し、誰が言った言葉でどのような意味なのか考えましょう。

Gott ist tot!

Kolumne コラム

　一般的にドイツ人は勤勉で時間を守る民族だと言われており、ドイツ人が時間通りに来ることを deutsche Pünktlichkeit と言ったりします。しかし、これは本当でしょうか？ 実際にドイツに行ってみると電車は遅れることが多く、人々も日本に比べるとかなりのんびりしている印象を受けます。また、工事に時間がかかることもしばしば自虐的嘲笑の対象になることがあります。その最たる例はベルリンの国際空港建設です。

　ベルリンはもともと東西に別れていたこともあり、国際空港が最も多い時で三つ同時に稼働していました。古い歴史を持つ西側の Tempelhof 空港と東側の Schönefeld 空港の他に、1948 年にソ連が西ベルリンを封鎖して陸路で物資が持ち込めなくなった際に急遽建造された Tegel 空港です。Tempelhof 空港は 2008 年に閉鎖され、他の二つの空港も 2011 年の Berlin-Brandenburg 空港の開港予定にあわせて閉鎖されるはずでしたが、この新空港は欠陥工事などで完成が何度も延期され、2020 年 10 月にようやく開港しました。

https://commons.wikimedia.org/wiki/File:Lage_der_Berliner_Flugh%C3%A4fen.svg?uselang=ja

Kalter Krieg

東西冷戦とドイツ

Einführng

ドイツを知るために、次のホームページを活用してみましょう。
ここでは東西ベルリン事情が紹介されています。

ベルリンの壁
Berliner Mauer

https://text.asahipress.com/free/german/4Jahreszeiten/video/mov_01_culture_02_food-cul.html

点線がベルリンの壁。西ベルリンを取り囲むように
建造されました。

はじめに

　ベルリンは 1800 年代から戦前まで、ドイツの政治、経済、文化、芸術の中心で、世界的にも屈指の大都市でした。とりわけ 1920 年代は、ベルリンの黄金期と言われ、世界の中心都市の一つとなっていました。しかし、第二次世界大戦での敗戦後、ドイツは東西に分けられ、ベルリンは分断されました。その後冷戦も終焉を迎え、1989 年 11 月 9 日にベルリンの壁が崩壊し、翌年 10 月 3 日にドイツ再統一が果たされました。冷戦時代は壁を隔てて社会体制が全く異なり、国民生活にも歴然の違いが存在しました。西ドイツ領内から東ドイツへ行くには、検問がとても厳しく、西側の雑誌や新聞などの情報源は没収され、自動車は車体の裏側まで厳しくチェックされました。今では観光客で賑わうベルリンですが、このような歴史からドイツ人にとっては過去の苦悩を思い起こさせる都市でもあります。

課題

　1990 年の再統一後、ドイツは旧西ドイツ地域と旧東ドイツ地域間の政治、経済、文化をめぐる様々な難問に直面しました。例えば、旧東ドイツ地域の平均失業率は旧西ドイツ地域の 2 倍を超えていました。しかしながら、旧東ドイツではその後大きな変化が起こり、旧西ドイツ地域を上回る分野も現れてきました。

　それでは、ドイツ再統一後の旧西ドイツと旧東ドイツの間にあった諸問題について、政治、経済、文化の視点から 1 つ選び、調べてみましょう。また、その後どのように変化したかも併せて調べてみましょう。

1 次の文章 **①** ～ **④** を読んで、東西冷戦に関する施設について学びましょう。

❶ Berliner Mauer ベルリンの壁 / East Side Gallery イーストサイドギャラリー

イーストサイドギャラリーとは、シュプレー川(Spree) 川沿いにある最長のベルリンの壁の遺構です。ベルリンの壁崩壊・ベルリン再統一を記念しており、文化財として保存されています。世界各国のアーティストたちによって、風刺的な作品や記念的な作品が描かれており、1.3㎞にわたるかつての壁から、歴史を感じることができます。イーストサイドギャラリーはいつでも自由に、無料で鑑賞することができます。

❷ Deutsch-Deutsches Museum Mödlareuth ドイツ国境博物館

首都ベルリンが東西2つに分割されたことは有名ですが、他にも東西に分割されてしまった場所があるのを知っていますか？ それはチューリンゲン州の小さな村、Mödlareuth です。この村はリトル・ベルリンと呼ばれていますが、川を隔てて分けられた東側と西側の境に、ベルリンと同様、壁が建設されたこともその由来となっています。
この博物館では屋内、屋外展示を行っており、村の歴史をショートムービーで見ることも可能です。次のサイト内ではこのMödlareuthの分断の歴史を記録した写真や館内の写真も見ることができます。　➡ 参考webページ

❸ DDR Museum Berlin 東ドイツ博物館

DDRとはDeutsche Demokratische Republikの略であり、ドイツ民主共和国（東ドイツ）のことです。このDDR Museumは東ドイツ関連では最大の資料館とされますがオスタルギー（Ostalgie）を感じさせる博物館でもあります。オスタルギーとはOst（東）とNostalgie（郷愁）が合わさった造語で、東西統一は果たしましたが東側と西側の格差が埋まらないことに対して、東側の人々が皆が平等に貧しかった時代を懐かしむ気持ちです。
館内では当時の人々が住んでいた家や服装の再現を見学したり、東ドイツ製自動車「トラバント」のバーチャル試乗ができきます。一部展示は次のサイトで見ることも可能です。　➡ 参考webページ

④ Stasimuseum 秘密警察博物館

東ドイツの秘密警察・諜報機関Stasiに関する展示を行っているStasimuseumはベルリンとライプツィヒにあります。Stasiとは東ドイツにて設立された国家保安省Ministerium für Staatssicherheitの略称で、秘密警察として対外諜報活動や自国民の監視を行うことで監視社会を作り上げました。

館内では、監視用の道具、盗聴器や監視カメラなどを見ることができます。

2 die Mauer と die Wandの違いを学びましょう。

die Mauer と die Wand は両方「壁」を意味しますが、何が違うのでしょうか。確認してみましょう。

3 ベルリンの壁をテーマにした映画には次のようなものがあります。機会があれば鑑賞してみましょう。

・「引き裂かれたカーテン」（Torn Curtain）（1966年、アルフレッド・ヒッチコック監督）
・「ベルリン・天使の詩」（Der Himmel über Berlin）（1987年、ビム・ベンダース監督）
・「グッバイ、レーニン！」（Good Bye, Lenin!）（2003年、ボルフガング・ベッカー監督）

Gedenkstätte Berliner Mauer　ベルリンの壁記念館

ベルリン・ベルナウアー通り周辺に多く掘られた、西ドイツへの脱出用トンネルのあった箇所を示す記念碑

次のことわざの意味を考えてみましょう。対応する日本語のことわざがあればそれを挙げましょう。

① Ein Mann, ein Wort.

② Übung macht den Meister.

Kolumne コラム

　みなさんはアメリカ大統領ジョン・F・ケネディが冷戦下の西ベルリンで行った演説をご存知でしょうか。ベルリンは第二次世界大戦の終結に伴いソ連占領下の東ベルリンとアメリカ、イギリス、フランス占領下の西ベルリンに分割されましたが、戦後しばらくは東西の行き来は自由でした。しかし、次第に東から西への亡命者が相次ぎ、人口流出が深刻な問題となります。そのため、東ドイツ政府は 1961 年 8 月 13 日に突如として西ベルリンを覆い囲むベルリンの壁の建設を開始し、人の行き来を封鎖します。

　このような状況下の西ベルリンに対して支持を表明するため、ケネディは 1963 年 6 月 26 日に „Ich bin ein Berliner." という有名なフレーズを含む演説を西ベルリンで行います。この演説ではベルリン市民への共感を示すためにドイツ語で「私はベルリン人だ」という言葉が用いられているのですが、ここでの冠詞の使い方に関連してある俗説が流布することとなります。そもそも、通常ドイツ語で「私はベルリン人だ」という場合には冠詞は用いずに „Ich bin Berliner." と言います。ここで不定冠詞を用いてしまうと、Berliner という名前の菓子パンのことになってしまうので、ケネディは「私は菓子パンである」と言ったことになってしまうのだ、というのです。この俗説は広く流布しているのですが、どうやらケネディの方が正しかったようです。というのも、通常 „Ich bin Berliner." と言う人は実際にベルリン人であるのに対し、ケネディはアメリカ人です。そのため、ベルリン人ではないけれども共感していると言う点において、ある意味ベルリン人であると言うニュアンスを出すにはやはり不定冠詞が必要ということのようです。

　Berliner のような伝統的な食べ物の他にも近年、トルコ系の移民から生まれた Dönerkebab も今や典型的なファストフードと言ってよいでしょう。ケバブを扱う専門店の中にはベルリンの Mustafa のような、行列のできる超人気店もあります。

Berliner

行列のできる **Mustafa**

Umweltschutz

環境大国ドイツ

Einführng

ドイツを知るために、次のホームページを活用してみましょう。
ここではエコライフについて紹介されています。

https://text.asahipress.com/free/german/4Jahreszeiten/video/mov_10_enviroment-medical_02_eco-life.html

はじめに

　ドイツは世界屈指の環境大国です。自然エネルギーの活用、リサイクル・リユース、都市部への自動車乗り入れ規制など、環境に優しい取り組みが多く見られます。また、ごみの分別にも早くから取り組み始め、ごみを減らす工夫がなされています。今ではすっかり定着しているペットボトルと瓶の回収は、使用済みの空き容器をスーパーなどに設置されている回収機に入れると、デポジット返金のレシートが発行されるシステムです。

➡ 参考 web ページ

課　題

　1989年から1998年まで、ドイツの市町村を対象とした環境首都コンテストが開催されました。公益法人ドイツ環境支援（Deutsche Umwelthilfe e. V.）が主催したこのコンテストは、市町村が自然・環境保護分野における取り組みを競い合うものでした。1992年に環境首都に選ばれたフライブルク（Freiburg）はその中でも広く知られており、環境に配慮した交通システムの導入や原子力に頼らない持続可能なエネルギー供給を目標とする政策などが高く評価されました。

　当時の環境に対する意識は環境首都コンテストに関係していますが、このコンテスト開催の背景には何があったのでしょうか。調べてみましょう。

Übungen

1 ゴミの分別 (Mülltrennung) をしてみましょう。下に書かれたゴミ (Müll) をイラストの正しいゴミ箱に入れてみましょう。

- プラスチックトレイ
- 包装紙
- ペットボトル
- 生ごみ
- ビン
- 缶
- 布
- 古着
- 古紙

2 スーパーでのやり取りを学びましょう。

日本では2020年7月からレジ袋が有料化されましたが、ドイツでは以前からレジ袋は有料です。そのため、ほとんどの人がマイバッグをもって買い物に出かけます。レジで袋を購入することもできますが、日本に比べると高いです。

15

1 次の会話を聞いて、読み上げてみましょう。

A : Ich brauche eine Plastiktüte, bitte.

B : Hier bitte. Die kostet 15 Cent.

> *f.* Plastiktüte レジ袋

> **値段の読み方**
>
> ■ 0,15 Euro → fünfzehn Cent
>
> ■ 1,30 Euro → eins dreißig
> （丁寧な言い方だと 1 Euro 30 Cent となる）

16
2 数字を聞き取ってみましょう。読み上げられた金額を聞き取り、(　　　　　) の中にアルファベットで書き入れましょう。

1) (　　　　　　　　) Euro　　　　2) (　　　　　　　　) Cent

3 次の会話文の（　　）に入っている語を、数に合わせて正しい形にしましょう。

A： Ich kaufe ein Auto.

B： Schön! Ich kaufe zwei (Auto).

A： Warum kaufst du zwei (Auto)? Das klingt nicht umweltfreundlich.

B： Mein (Bruder) fährt jeden Tag. Ich brauche eins für mich.

A： Wie viele (Geschwister) hast du?

B： Ich habe zwei (Bruder) und zwei (Schwester).

A： Ok, das bedeutet, deine Eltern haben fünf (Kind).

B： Leider stimmt das nicht. Sie haben neun; drei (Sohn), zwei (Tochter), zwei (Katze) und zwei (Hund).

A： Haben sie auch zwei (Haus)?

B： Genau! Weil wir zu viel sind, deshalb brauchen wir viele (Zimmer).

> klingen 〜のように聞こえる　　umweltfreundlich 環境にやさしい　　jeden Tag 毎日
>
> leider 残念ながら　　stimmen「合っている、正しい　　genau その通り

ドイツにおける自然エネルギーの発電量は、全体の約５割に達する

次のことわざの意味を考えてみましょう。対応する日本語のことわざがあればそれを挙げましょう。

① Die Wände haben Ohren.

② Das Auge des Herrn macht das Vieh fett.

Kolumne　コラム

　ドイツの政治で少なからぬ役割を果たしている政党に、緑の党（Die Grüne）があります。その名の通り環境政策（エコロジー）を重視する政策を持っており、80年に代西ドイツで初めて議席を得て以来、継続して議席を獲得してきました。1998年〜2005年にかけては当時のシュレーダー政権下で社会民主党（SPD）と連立政権の一角を担い、二酸化炭素削減、脱原発などの政策を推進しました。（ドイツでは政党をそのシンボルカラーで表すため、この連立政権はSPDの赤と緑の党の緑で、Rot-Grün Koalitionと呼ばれました。）また、2017年の総選挙ではどの政党も過半数を得ることができず、メルケル首相の率いるキリスト教民主同盟（CDU）と自由民主党（FDP）との連立協議がありましたが、結局政策のすり合わせが上手くいかず三者の連立は成立しませんでした。

　地方政治レベルでは2016年以来、自動車産業など盛んなバーデン・ヴュルテンベルク州の第1党は緑の党であり、州として様々な環境政策を打ち出しています。

　緑の党の主な支持層は若者ですが、近年ではCDUやSPDという二大政党への支持が衰え、一部で極右政党が台頭する反面、緑の党も支持を伸ばしています。環境政策を重視する政党がこれほど躍進するほど、ドイツにおいてエコロジーに関心が持たれているのです。

Sportdeutschland

スポーツ国ドイツ

Einführng

ドイツを知るために、次のホームページを活用してみましょう。
ここではドイツのスポーツ事情が紹介されています。

https://text.asahipress.com/free/german/4Jahreszeiten/video/mov_04_sport_01_sport.html

はじめに

　ドイツはスポーツが盛んな国です。国民の約7割が日常的にスポーツに取り組み、また多くの人達が地域のスポーツクラブに所属しています。これほどスポーツが盛んな理由は、手軽にスポーツを楽しめるシステムが整っているためです。

　日本の場合、学校を卒業するとスポーツから離れてしまう傾向があります。一方、ドイツには「部活」のような学校でのスポーツ活動はなく、地域のスポーツクラブに所属し、子供から大人までスポーツに取り組めるようになっています。スポーツクラブには、いくつもの種目が用意されており、好きな種目を選ぶことができます。また指導システムや競技システムも整備されているので、ライセンス指導者から正しい指導が受けられ、年代や実力に合わせて対外試合の経験も積むことができます。

課題

　ドイツで最も人気のあるスポーツはサッカーです。スポーツ団体を総括するドイツ・オリンピック・スポーツ連盟（Deutscher Olympischer Sportbund: DOSB）に属すドイツ・サッカー連盟（Deutscher Fußball Bund: DFB）は、およそ700万人の会員数を誇り、ドイツ・オリンピック・スポーツ連盟傘下のスポーツ団体の中で最大規模です。ドイツのサッカーといえば、国際サッカー連盟FIFAが主催するワールドカップで何度も優勝した経験があります。

　ところで、これまで数々の輝かしい成績を残してきたドイツのサッカーですが、成績不振や選手の高齢化など様々な問題を抱えていた時期もありました。この状況を改善するきっかけとなった出来事は、2000年のヨーロッパ代表チームが競い合うUEFA欧州選手権において、一次リーグ敗退という結果でした。そこで、ドイツ・サッカー連盟を中心とした改革が始まります。これは将来を見据えた長期の育成プログラムであり、このプログラムによってドイツ全土に育成センターを設立し、選手のための施設を整えるだけでなく、指導法や才能のある選手を見つけるための意見交換の場も設けられました。さらに、この育成プログラムに影響を与えるような法の改正も行われ、その結果、今日のドイツ・サッカーがあります。それでは、その法の改正とは一体どのようなものだったのでしょうか。調べてみましょう。

18 **1** ペアになって、それぞれのお気に入りのスポーツを聞いてみましょう。

A : Was ist dein Lieblingssport?

B : Mein Lieblingssport ist Tennis.

　　Mein Lieblingssport ist Schwimmen

Lieblings ＋ 名詞 : お気に入りの〜

Lieblingsessen　お気に入りの食べ物

Lieblingsanime　お気に入りのアニメ

 19

Fußball サッカー

Baseball 野球

Tennis テニス

Golf ゴルフ

Schwimmen 水泳

Tischtennis 卓球

Handball ハンドボール

Ski スキー

Motorsport モータースポーツ

Basketball バスケットボール

Joggen ジョギング

2 ペアになって、それぞれのお気に入りのスポーツを尋ねてみましょう（gefallenを使って）。

❶ A：Was für ein Sport / Welche Sportart gefällt dir?

B：Mir gefällt (   ). Und dir?

A：Mir gefällt (   ).

❷ また、**❶** にならって「誰に」という部分を入れ替えて練習してみましょう。

ich - mir   du - dir   er - ihm   sie - ihr   wir - uns   ihr - euch   sie - ihnen

3 次のペアになって、それぞれのお気に入りのスポーツを尋ねてみましょう（mögenを用いて）。

A：Magst du (   )?

B：Ja, ich mag (   ). / Nein, ich mag (   ) nicht.
    Und du?

4 日本語文を参考に下線を埋めましょう。

❶ 君たちの趣味は何なの？　―　私たちの趣味は野球と踊ることです。

A：Was sind eure Hobbys?

B：Unsre Hobbys sind Baseball (   ) und (   ) .

❷ 君はテニスが上手にできる？

Kannst du (   ) (   ) spielen?

5 次のドイツ語の文を日本語に訳しなさい。

Mein Hobby ist Sport. Ich spiele gern Softball. Ich habe einen Bruder. Er spielt auch gern Softball.

次のことわざの意味を考えてみましょう。対応する日本語のことわざがあればそれを挙げましょう。

Was ich nicht weiß, macht mich nicht heiß.

Kolumne コラム

　サッカーのブンデスリーガをはじめ、ドイツ語にはブンデス〇〇という言葉がたくさんあります。Bund という言葉はそもそも動詞の binden と同じ語源で、「結びつき」というような意味を持っています。そこから「連邦」という意味で用いられるようにもなり、「連邦〇〇」は Bundes 〇〇と言われます。「ドイツ連邦共和国」も Bundesrepublik Deutschland ですし、「連邦議会」は Bundestag、連邦を構成する「州」は Bundesland と言います。また、ドイツでは「連邦」自体が全国のことを意味しているので、「全国で」という際には bundesweit という言い方をします。ここで landesweit と言ってしまうと「ある特定の州全体で」という意味になってしまいます。

　ところで、スポーツ界には特殊な用語があります。例えば、ドイツ人がサッカーなどで熱狂的歓声を上げる際には Schland という語がよく聞かれます。これは Deutschland の deu がかき消えてしまった形で、2002 年のサッカー・ワールドカップ頃に出現したことが確認されているようです。その後、ワールドカップのたびにこの語が取り上げられるようになり、2014 年にはマンハイムのドイツ語機関が新語として認定します。今では、この語はサッカーなどで盛り上がり、国民の一体感が感じられる時や面白おかしくドイツのことを呼ぶときに用いるようです。類似の言葉には Ingerland というイングランド（England）を指すものもあります。

▼ Bundestag ▶

Pendler

ドイツの通勤・通学

Einführng

ドイツを知るために、次のホームページを活用してみましょう。
ここではドイツの通勤について紹介されています。

https://text.asahipress.com/free/german/4Jahreszeiten/video/mov_08_job_04_Schulbesuch.html

はじめに

　ドイツは地方分権のため、日本ほど大都市に企業が集中していません。加えてフレックスタイムを取り入れている会社が多く、また個人の裁量に任せて仕事をしているので、通勤ラッシュはほとんど見られません。そのため、日本の大都市で見られる電車の通勤ラッシュの映像を見せると、ドイツ人はとても驚きます。

　通学には、様々な手段が取られています。徒歩、自転車、バス、電車、自家用車での送り迎えなどがあげられます。都市部では公共交通機関で通学する場合が多いですが、都市部から離れた小さな町から通う場合は、巡回するスクールバスや、自家用車で通学する場合が少なくありません。

課　題

　ドイツでは自動車通勤が主流ですが、自転車通勤が促進されていることもあり、自転車を利用する人が増えています。その背景として、自動車から排出される排気ガスの削減といった環境面、また自転車に乗ることで有酸素運動の効果を得られるといった健康面などに利点があるため、自転車通勤は人気を集めています。

　ドイツで自転車通勤が普及している要因として、上記の環境面や健康面以外にもドイツにおける通勤の状況、自転車利用環境の整備、企業の自転車通勤促進の取り組みなどが考えられます。これらの要因とは具体的にどのようなものでしょうか。調べてみましょう。

Übungen

20

1 交通手段の表現を覚えましょう。

音声を聞いて【前置詞＋定冠詞＋交通手段】などとなるように空欄に書き入れましょう。

❶ 電車で　　　　　　Ich fahre (　　　　　　　　　) nach Berlin.

❷ バスで　　　　　　Fährt er (　　　　　　　　　) zur Schule?

❸ タクシーで　　　　Mein Vater fährt in der Nacht (　　　　　　　　　) nach Hause.

❹ 自転車で　　　　　Man sollte nicht (　　　　　　　　) zur Schule fahren.

❺ 徒歩で　　　　　　(　　　　　　　　) kann man nicht von hier gehen.

❻ 飛行機で　　　　　Ich will (　　　　　　　　) nach Deutschland fliegen.

❼ 地下鉄で　　　　　Ich fahre immer (　　　　　　　　) zur Arbeit.

> *m.* Bus バス　　*m.* Zug 電車　　*n.* Taxi タクシー　　*n.* Fahrrad 自転車
>
> *n.* Flugzeug 飛行機　　*f.* U-Bahn 地下鉄　　zu Fuß 徒歩で

21

2 道案内をしてみましょう。

❶ (　　) に **1** で学習した表現を入れてペアで練習してみましょう。

A： Ich möchte in die Stadt fahren.

B： Es ist heute wegen des Marathons starker Verkehr.

A： Echt? Womit soll ich in die Stadt fahren?

B： Nehmen Sie den Zug / den Bus / die U-Bahn / ein Taxi.

A： OK! Ich fahre (　　　　　　).

❷ どこにあるか尋ねてみましょう。

22

大学はどこですか？

A： Entschuldigen Sie, wo ist die Uni?

B： Ganz einfach! Gehen Sie auf der Hauptstraße **nach rechts**. Dann finden Sie gleich **neben** der Kirche die Uni.

> womit どのような手段で（第24課参照）　　*f.* Uni (Universität) 大学　　ganz とても
>
> einfach 簡単な　　nach rechts 右に　　dann そして　　finden 見つける
>
> gleich すぐ　　neben 横に　　*f.* Kirche 教会

26

LEKTION 7

3 グループワークをしましょう。

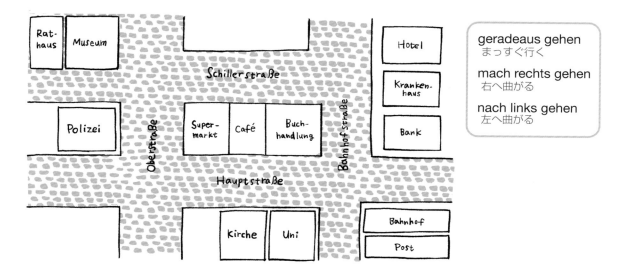

geradeaus gehen
まっすぐ行く

mach rechts gehen
右へ曲がる

nach links gehen
左へ曲がる

● 場所を表す前置詞（3格と共に）

・男性名詞（*m.*）

im Supermarkt	スーパーで	im Park	公園で
auf dem Bahnhof	駅で	am Marktplatz	中央市場で

・女性名詞（*f.*）

in der Apotheke	薬局で	in der Buchhandlung	本屋で
in der Bäckerei	パン屋で	in der Bibliothek	図書館で
auf der Post	郵便局で	auf der Bank	銀行で

・中性名詞（*n.*）

im Schwimmbad	プールで	im Kino	映画館で
im Café	カフェで	im Museum	博物館で
im Hotel	ホテルで	auf dem Rathaus	市庁舎で

例えば Wo bist du? と聞かれたら Ich bin im Supermarkt. のように答えます。
多くの場合、前置詞 in が使われています（auf は公共機関の際に使われることの多い前置詞です）。
位置は3格、方向は4格で表します。

● 方向を表す前置詞（4格と共に）

・男性名詞（*m.*）

in den Supermarkt	スーパーへ	in den Park	公園へ
auf den Bahnhof	駅へ	an den Marktplatz	中央市場へ

・女性名詞（*f.*）

in die Apotheke	薬局へ	in die Buchhandlung	本屋へ
in die Bäckerei	パン屋へ	in die Bibliothek	図書館へ
auf die Post	郵便局へ	auf die Bank	銀行へ

・中性名詞（*n.*）

ins Schwimmbad	プールへ	ins Kino	映画館へ
ins Café	カフェへ	ins Museum	博物館へ
ins Hotel	ホテルへ	auf das Rathaus	市庁舎へ

次のことわざの意味を考えてみましょう。対応する日本語のことわざがあればそれを挙げましょう。

① Hochmut kommt vor dem Fall.

② Keine Regel ohne Ausnahme.

Kolumne コラム

　ドイツは交通手段の1つとして自転車が広く用いられている国です。日本でも京都のような学生の街では自転車を用いる人が多いですが、ドイツではより自転車の使用がしやすいまちづくりがされています。自転車レーンが整備されており、歩道を走行してはいけない、逆走をしてはいけないというルールが徹底されています。双方向通っていいという表示がない限りは、たとえ広い車道を挟んでいたとしても車道の右側の自転車道を通らなくてはいけません。逆に、自転車道を歩行者が歩いていると注意されることもあり、自転車道と歩行者道の区別が厳密に行われています。

　日本との最大の違いは電車の中にそのまま自転車を持ち込めることでしょう。ドイツの電車は乗降口も広く、車内のスペースもゆったりとしており、自転車を持ち込んでも周囲の迷惑になるということはあまりありません。そのため、例えば駅まで自転車で行き、そこに駐輪する必要はなく、自転車と共に乗り込んで目的地でサイクリングをすることも可能なのです。

　しかし、ルールは都市によっても異なるようです。

参考 ➡ ミュンヘン市 HP.
　　 ➡ ベルリン市 HP.

gemütlich

ゲミュートリッヒな住まい

Einführng

ドイツを知るために、次のホームページを活用してみましょう。
ここではドイツの住まいが紹介されています。

https://text.asahipress.com/free/german/4Jahreszeiten/video/mov_01_culture_05_Wohnung.html

はじめに

　ドイツの住まいで欠かせない重要なことの一つに、ゲミュートリッヒ (gemütlich) があります。gemütlich とは日本語に訳すことが難しい話ですが、「心地よい」や「快適な」などの意味を持ち、この「ゲミュートリッヒ」な住まいを多くの人が求めます。

　ドイツの住まいも日本と同様、地域によって様々です。都市部ではマンションやアパートが多い一方で、郊外では一軒家やテラスハウスが主流です。そのため、都市部を離れると大きな一軒家が目立ち、そこに何世帯かが一緒に住んでいる場合も珍しくありません。また、テラスハウスは一軒長屋のような建物ですが、各世帯が分厚い壁で区切られていて、しかも庭付きです。学生寮は1人部屋や2,3人部屋があり、その大半はキッチン、シャワー、トイレを共同で使います。

　ドイツ人は住まいに関して日本人よりも時間をかけます。内装や庭作りは、たいてい自分自身で週末を何度も使って作業します。また伝統的な昔の建物も大切に保存しながら、地区ごとの景観に配慮しています。

課　題

　ドイツで住まいを探すと、アルトバウ（Altbau）とノイバウ（Neubau）という単語に出会うかもしれません。どちらの単語にも含まれている Bau は「建物」を意味し、さらに前者は alt「古い」、後者は neu「新しい」を意味する単語がそれぞれ Bau と結びつき一語となっています。そのため、これらを直訳すると、Altbau は「古い建物」、Neubau は「新しい建物」という意味になります。厳密ではありませんが、「新しい」か「古い」かという基準があり、Altbau が第二次世界大戦前に建築された建物、Neubau は第二次世界大戦以降に建てられた建物です。ちなみに、Altbau のほとんどはリノベーションが施されています。

　ドイツでは Neubau よりも Altbau の方が人気で、空きがあってもすぐに埋まってしまいます。これは新築物件の方が好まれる日本とは異なる点で、そもそもドイツではなぜ Altbau が人気なのでしょうか。Altbau の特徴も明らかにしつつ、この理由を調べてみましょう。

1 どの部屋が下の①〜⑦に当たるでしょうか。

🎧 **❶** 部屋と部屋の名前をマッチさせましょう。
23

部屋の名前

① *n.* Schlafzimmer
② *n.* Wohnzimmer
③ *n.* Esszimmer
④ *n.* Kinderzimmer
⑤ *f.* Küche
⑥ *n.* Badezimmer
⑦ *f.* Toilette

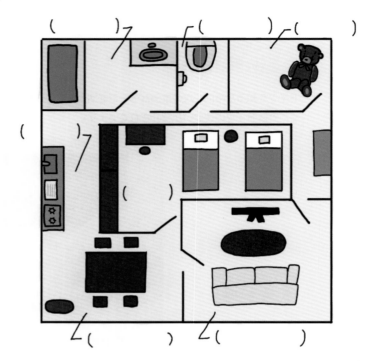

❷ イラストにあるものについて、ペアになって尋ねてみましょう。

A : Ist die Küche groß?

B : ....

A : Wo findest du das Kinderzimmer?

B : ....

A : Wie viele Zimmer gibt es in dieser Wohnung?

B : ....

2 2人組で会話をしてみましょう。

ペアになってさまざまな問いかけのパターンを学びましょう。

❶「ドイツ語で何と言うの？」という表現

A：Wie heißt das auf Deutsch?

B：Waschmaschine, das ist eine Waschmaschine

❷「これは〜ですか？」という表現

A：Ist das ein Tisch?

B：Nein, das ist kein Tisch. Das ist ein Stuhl.

❸「これは何？」という表現

A：Was ist das?

B：Das ist ein Kugelschreiber (Kuli).

> **家と家の中のもの (Haus und Gegenstände)**
>
> *f.* Wohnung アパート　*m.* Stuhl 椅子　*n.* Haus 家　*n.* Regal 棚・本棚　*m.* Fernseher テレビ　*n.* Bild 絵
>
> *m.* Kopfhörer ヘッドフォン　*f.* Vase 花瓶　*f.* Heizung 暖房　*m.* Garten 庭　*m.* Staubsauger 掃除機
>
> *n.* Esszimmer ダイニングルーム　*f.* Waschmaschine 洗濯機　*n.* Schlafzimmer 寝室　*m.* Kühlschrank 冷蔵庫
>
> *m.* Balkon バルコニー　*f.* Spülmaschine 食洗機　*m.* Flur 廊下　*n.* Bett ベッド　*n.* Wohnzimmer リビングルーム
>
> *m.* Tisch 机　*f.* Küche キッチン　*m.* Kugelschreiber ボールペン　*n.* Arbeitszimmer 書斎　*n.* Papier 紙
>
> *n.* Kinderzimmer 子供部屋　*n.* Heft ノート　*f.* Toilette トイレ　*m.* Computer パソコン　*n.* Bad 風呂
>
> *n.* Möbel 家具　*n.* Badezimmer バスルーム　*n.* Sofa ソファ

3 下の単語表を参考に、①〜③のどの部屋が良いかを話しあってみましょう。（Nr. = Nummer「番号」）

A：Welches Zimmer findest du gut?

B：Ich finde das Zimmer (Nr.　) gut. Das ist sehr *hell*. Und du?

A：Ich finde dieses Zimmer gut. Das ist *modern*.

B：Das ist ja schön! Dieses Zimmer ist auch sehr *groß*.

hell 明るい ⇔ dunkel 暗い	klein 小さい ⇔ groß 大きい
interessant 面白い ⇔ langweilig つまらない	sauber きれいな ⇔ schmutzig きたない

　　①　　　　　　　　　②　　　　　　　　　③

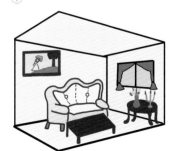  

次のことわざの意味を考えてみましょう。対応する日本語のことわざがあればそれを挙げましょう。

❶ Man kann nicht nicht kommunizieren.

❷ Ohne Fleiß, kein Preiß.

Kolumne コラム

　ドイツは建築の観点から見ても面白い国です。バイエルンの「狂王」ルートヴィヒ2世が建てた、ミュンヘン郊外のフュッセンにあるノイシュヴァンシュタイン城 Schloss Neuschwanstein やベルリン郊外のポツダムにあるサンスーシ宮殿 Schloss Sanssousi（フランス語で「憂いなし」の意）のように日本でも有名なお城、ケルン大聖堂のような天に聳えるゴシック建築、木組みの民家やモダニズム建築など様々なものが見られます。

　しかし、第二次世界大戦中の空爆などによってドイツ大都市の建築物は深刻な被害を受けます。ベルリン、ハンブルク、デュッセルドルフなどの街並みが現代的なのも空爆で市街地が破壊されたため、再開発が可能だったからです。一方、「エルベ河畔のフィレンツェ」（「花の都」とも呼ばれるイタリアの都市）の別名を持つほど、美しい街並みを持ったドレスデンも空爆で徹底的に破壊されましたが、戦後、人々の努力によってなるべく元々の建材を活かして再建されました。そのため、現在では空襲で焼け焦げた建材と新しい建材でモザイクのようになっている建物を見ることができます。

Neuschwanstein / Füssen

Frauenkirche / Dresden

Sanssousi / Potsdam

Drachenstichfest

フルトの竜退治

Einführng

ドイツを知るために、次のホームページを活用してみましょう。
ここでは「フルトの竜退治」のお祭りについて紹介されています。

https://text.asahipress.com/free/german/4Jahreszeiten/video/mov_07_event_06_Drachenstichfest.html

はじめに

　「フルトの竜退治」はフルト（**Furth im Wald**）というバイエルンの森にある小さな町で行われる民俗祭りのことで、ドイツ最古とも言われているほど歴史の長いお祭りです。毎年8月に10日間ほど開催し、この期間中は地元のビールや郷土料理を楽しめるビールテント（**Bierzelt**）が立ち並びます。

　竜退治のストーリーは、ある勇者が巨大竜を退治して領主の娘と結婚するというシンプルな筋書きです。特徴的なことは、この勇者と領主の娘を演ずる役者は基本的にフルトの住民から選ばれ、さらに1400人の市民と250頭の馬が参加する大規模な祭りであるということです。そして、祭り期間中に上演される野外劇は、最新のテクノロジーを駆使する仕掛けが施された竜が登場することもあって迫力満点です。ちなみに、この竜はTradition（伝統）とInnovation（革新）の2つの言葉を合わせて、„Tradino" と呼ばれています。

課　題

　「フルトの竜退治」の祭り期間中に上演される野外劇では、15世紀のフス戦争の時代が舞台となっており、それに竜退治の話をつなげています。フス戦争とは、ヤン・フス（**Jan Hus**）の開いたキリスト教改革派とそれを異端と考えたカトリック、神聖ローマ帝国の間で起きた戦争のことです。

　さて、この竜退治に登場する竜をはじめ西洋における竜と日本における竜に対する考え方に相違が見られます。その違いとは一体何でしょうか。具体例を挙げつつ調べてみましょう。

1 以下はドイツの祭りについて書かれた文です。

① Karneval カーニバル（ラインラント地方、カトリック地域）

キリスト教のお祭りで、春の訪れを祝うイベントです。通常、開催期間は2月～3月で、灰の水曜日と呼ばれる日まで続きますが、11月11日に開幕する地域が多く、デュッセルドルフでは11月11日11時11分に開幕します。人々は民族衣装を纏ったり、仮面などで仮装をしてパレードを行ったり、お菓子などを配り楽しみます。灰の水曜日にカーニバルが終わると、イースターの前日まで断食期間が始まります。

② Meistertrunk マイスタートルンクの祭（ローテンブルク）

毎年初夏に行われる歴史祭りです。中世の趣が色濃く残るローテンブルクで開催されるこの祭りの起源は、17世紀の三十年戦争にまでさかのぼります。ローテンブルクは皇帝軍に負け、町が焼き払われることになります。そんな窮地の中、皇帝軍の司令官ティリーは、3.25リットルのワインを一気飲みすればこの町を見逃す、と言いました。当時の市長であったナッシュ氏がこのワインを飲み干すことで、ローテンブルクの町は助かりました。この武勇伝を祝うのがマイスタートルンクのお祭りなのです。町の人々は中世の服装で仮装し、パレードも行われます。

③ Oktoberfest オクトーバーフェスト（ミュンヘン）

毎年9月半ばから10月上旬にかけて開かれる、世界最大級のビールの祭りです。バイエルン州の都市ミュンヘンにある公園、Theresienwieseで開催されます。Maß（マース）と呼ばれるジョッキにビールが注がれますが、1マースに1リットル入ります。マースは1.3kgもの重さがあるので、満タンにビールを注ぐと総重量は2.3kgにもなります。一度に10マース運べば、なんと23kgの重さになります。ウエイトレスがたくさんのマースを一度に運ぶ様子は迫力満点です。

④ Festival of lights フェスティバル・オブ・ライツ（ベルリン）

毎年10月に開かれる、世界最大級の光の祭典です。開催期間中は、ベルリン大聖堂やブランデンブルク門、ジャンダルメンマルクトなど、ベルリンの様々な観光名所がきらびやかにライトアップされます。また、世界中のアーティストたちが最新技術を用いた映像作品を、ブランデンブルク門に映し出して発表するコンテストも行われます。

⑤ Passionsspiel キリスト受難劇（オーバーアマガウ）

カトリック教徒の多いオーバーアマガウで10年に一度開催されます。1632年にペストが猛威を振るったとき、人々は神に助けを求め、「キリストの受難劇」を10年ごとに演じると誓いを立てました。それ以来、380年以上にわたってこの劇は守られます。演者もオーケストラも合唱も裏方も、アマチュアの村人たちが行い、上演時間は6時間に及ぶ大作です。

⑥ Rhein in Flammen ラインの火祭り（ライン川上）

5月にボンで始まり、場所を移動しつつ、9月にザンクトゴアールで終わる、花火大会とイルミネーションイベントです。ライン川沿いにある古城がライトアップされ、花火が打ち上げられます。祭りの名前の通り、花火は赤い炎のような色をしています。人々はライン川河畔でワインや音楽を楽しんだり、また船に乗ってライン川下りを楽しんだりします。

a Claudia ....

Bier ist lecker! Prost!

b Tanja ....

Feuerwerke sind wunderbar!

c Johannes ....

Sehenswürdigkeiten in der Hauptstadt sind sehr schön!

d Christoph ....

Im Namen des Vaters und des Sohnes und des heiligen Geistes.

e Sabine ....

Verkleidung macht mir Spaß!

f Eduard ....

Hier herrscht eine mittelalterliche Atmosphäre.

3 ペアになって **1** のどの祭りにいきたいか、行きたくないかを尋ねてみましょう。

A: Welches Festival möchtest du besuchen?

B: Ich möchte (　　　　　) besuchen.

次のことわざの意味を考えてみましょう。対応する日本語のことわざがあればそれを挙げましょう。

❶ Die Katze lässt das Mausen nicht.

❷ Die Toten soll man ruhen lassen.

Kolumne コラム

　ヤン・フスはボヘミア（現在のチェコ）出身の宗教改革者でした。中世ドイツは神聖ローマ帝国の皇帝を頂点として様々な領邦を含んでいました。その中には現在のドイツだけでなく、スイス、オーストリア、オランダなどの他にも、民族的にはドイツ人ではないチェコもありました。12 世紀以来神聖ローマ帝国の一部となったボヘミアでしたが、14 世紀にはルクセンブルク家が皇帝位とボヘミア王位を手に入れ、プラハは帝国の首都となります。これがチェコの黄金時代と呼ばれる時期で、皇帝カール 4 世が行った多くの建築事業のあとは今でも見ることができます。また、文化発展にも力を入れたカール 4 世はプラハ大学を創設し、そこから多くの文化人が輩出されます。ヤン・フスもその一人でした。

　このようにドイツ世界と深いつながりを持ったチェコでは、かつてはチェコ語と並んでドイツ語も使用されました。プラハではユダヤ人を中心にドイツ語を話す人口があり、『変身』などの作品で知られるフランツ・カフカもプラハ出身のユダヤ人でした。

Jan Hus

Franz Kafka

プラハのカレル橋

Einkauf

ドイツの買い物

Einführng

ドイツを知るために、次のホームページを活用してみましょう。
ここではドイツの買い物事情が紹介されています。

https://text.asahipress.com/free/german/4Jahreszeiten/video/mov_01_culture_07_Suptermarkt.html

はじめに

　動画で紹介されているのは自然食品専門店であり、そこには果汁100%無添加ジュースやドイツ人の主食であるパンなどオーガニック食品が種類豊富に揃えてあります。これらは少し割高ですが、食事に気を使う人は、自然食品専門店で買うことが多いようです。

　ところで、みなさんは動画の中で日本とドイツのスーパーマーケットの違いを見つけることが出来たでしょうか。例えば、店員さんはレジで座って対応していました。また、5課で紹介したペットボトルの回収機については、近年、日本でも普及しつつあるものの、ドイツのように買い物した金額から回収分の金額を差し引くのではなく、ポイントが貰えるといった回収の仕組みに違いがあります。

課　題

　ドイツには一般的なスーパーマーケットのEdekaやRewe、大型スーパーのRealやKaufland、ディスカウントスーパーのLidlやPennyなど様々なスーパーが展開されています。

　その中でも国内最大規模を誇るEdekaに関しては、感動的あるいは面白いといったバラエティに富んだ内容のCMがしばしば話題となっています。そこで、下記からEdekaのCMを見てみましょう。そこで、人気を集めたEdekaのCMを見てみましょう。また、男性が言っているドイツ語を聞き取ってみましょう。

　➡　Edeka の CM

1 ドイツのスーパーマーケットでは次のイラストのような広告や張り紙をよく見ます。どういう意味か調べてみましょう。

2 スーパーマーケット特有の単語を覚えましょう。

f. Kasse レジ   *m.* Einkaufswagen カート   *m.* Warenkorb 買い物かご

n. Sonderangebot 特売品   *f.* Quittung レシート   *n.* Pfand デポジット

3 疑問詞を使って以下の日本文の意味を表す文をドイツ語で作ってみましょう。

① 食べ物は何が好きですか？

② ヨハネスはいつ来ますか？

③ どのスーパーに行きたいですか？

4 ペアになって下の会話を練習してみましょう。

A : Ich bin gestern mit meiner Familie einkaufen gegangen.

B : Gut! Wohin seid ihr gegangen?

A : Wir sind ....

B : Wie lange wart ihr .... ?

A : Wir waren ....

B : Was hast du übrigens gekauft?

A : Ich habe .... gekauft.

```
      REWE Markt T. Höppner oHG
            10117 Berlin
         Friedrichstr. 100

      UID Nr.: DE275574125
                                    EUR
BANANE CHIQUITA                    2,76 B
  1,462 kg x   1,89 EUR/kg
ZWIEB. GEMUESE                     2,29 B
6ER EIER BR. HAHN                  1,59 B
ERDBEER KONF.                      1,39 B
CRUNCHIPS PAPRIK                   1,19 B
JA! KAFFEE KRAEF                   3,99 B
SUMME                    EUR      13,21

Geg. BAR                 EUR      13,22
Rückgeld BAR             EUR       0,01

Steuer %        Netto    Steuer    Brutto
B=  7,0%        12,35     0,86     13,21
Gesamtbetrag    12,35     0,86     13,21

TSE-Start:      2023-09-08T17:07:53.000
TSE-Stop:       2023-09-08T17:08:40.000
Seriennummer Kasse: REWE:e0:d5:5e:c6:d0:bb:00
08.09.2023     17:08     Bon-Nr.:5948
Markt:5740     Kasse:2   Bed.:929292
***********************************
      Noch keine PAYBACK Karte?
     Für diesen Einkauf hättest Du
           6 Punkte erhalten!
     Gleich in der REWE App oder auf
       www.rewe.de/payback anmelden.

***********************************

     Vielen Dank für Ihren Einkauf

          Sie haben Fragen?
    Antworten gibt es unter www.rewe.de
```

5 （　　）に入る適切な疑問詞をリストから選びましょう。

1

A : (　　　　　　) kostet heute Orangensaft?

B : Sie kostet heute 1,49 Euro.

2

A : (　　　　　　) kann ich Milch finden?

B : Die finden Sie neben der Kasse.

3

A : (　　　　　　) beginnt das Sonderangebot?

B : Das beginnt morgen.

> wohin   wie lange   was   wo   welche   wann

次のことわざの意味を考えてみましょう。対応する日本語のことわざがあればそれを挙げましょう。

❶ Ein Mann, ein Wort.

❷ Was deer Bauer nicht kennt, isst er nicht

Kolumne コラム

　ドイツのスーパーマーケットで買い物をすると気づくのは、食品の値段の安さです。特に、果物や肉類の値段は日本とは比較にならないほどで、オレンジなどは箱で売っていたりします。

　また、ドイツは南北の社会・文化差が目立つ国ですが、これは実はスーパーマーケットにも当てはまります。数あるスーパーの中でも Aldi と呼ばれるものには実は2つの、全く独立した会社があり、片方は Aldi Nord、もう片方は Aldi Süd と呼ばれます。これらはその名の通り、ドイツを南北に二分しています。両者ともに通常は単に Aldi と呼ばれ、ロゴもほとんど同じですが、内実はそれぞれ別個の会社として活動しています。これらはもともと同じ会社としてスタートしましたが、後に別会社となったのです。その後、この2つの会社は同じ Aldi というブランドを共有しつつ全国に展開し、今ではイギリスやアメリカなどにも海外進出するほどに成長しました。中国のオンラインショップでも出品しているようで、日本で Aldi を見ることができるのもそう遠い未来ではないかもしれません。

Aldi Nord

Aldi Süd

Urlaub

ドイツの休暇

Einführng

ドイツを知るために、次のホームページを活用してみましょう。
ここではドイツ人の週末の過ごし方が紹介されています。

https://text.asahipress.com/free/german/4Jahreszeiten/video/mov_05_leisure_01_Wochenende.html

はじめに

　ドイツは労働時間の少ない国のひとつです。例えば、金曜日の終業時間が他の曜日よりも早いことや、残業時間が少ないことなどが挙げられます。そして、生活のオン・オフがはっきりしているドイツ人は、仕事あるいは学校が休みである週末を完全にオフにしています。学生であれば、金曜日や土曜日の夜にパーティーなどをし、翌日は一日中のんびり過ごします。社会人であれば、仕事に関係するような行事はなく、プライベートな時間を持つことができます。また、家庭では、週末に夫婦が協力して家の掃除や洗濯など家事をすることが多いようです。

課　題

　ドイツの家庭では子どもの休みに合わせて長期の休暇を取ることが多く、主に夏休みに休暇を取ります。また、キリスト教関連のお祝い事、例えば復活祭（Ostern）やクリスマス（Weihnachten）では、学校が1週間から2週間の休みとなるので、両親もそれに合わせて有給休暇を取ることが一般的です。旅行好きなドイツ人は、家族旅行を計画することが多いそうです。また復活祭頃からは気候も暖かくなり、比較的アウトドアを好むドイツ人は、キャンプやハイキング、サイクリングなども楽しみます。
　休暇に関しては日本と大きく異なるため、驚かれる方も多いかと思います。さて、このような違いが生まれる背景には、日本とドイツの間に休暇に対する考え方や有給休暇の違いなどが考えられます。それらの違いとは具体的にどのようなものでしょうか。調べてみましょう。

Übungen

 1 ドイツの祝日を調べてみましょう。➡ドイツ連邦共和国大使館 / 総領事館の web ページ

日付		祝日名		
(**1**). (*Januar*)		(*Neujahrstag*)		元日
( ). ( )		(*Ostern*)		復活祭
(**1**). (*Mai*)		(*Tag der Arbeit*)		( )
( ). ( )		(*Tag der Deutschen Einheit*)		ドイツ統一の日
( ). (*Dezember*)		(*Weihnachten*)		( )

※復活祭は春分の日後の最初
の満月から数えて最初の日
曜日とされるため、毎年日
にちが変動します。

※ドイツ語では日付は「日、月」
の順番で表記します。
例 3月15日：15. März
（読み方は 15 課を参照）

 2 ペアになって Sommerferien にやりたいことを話しましょう。

A : In diesem Sommer möchte ich …

B : Das klingt gut. Dieses Jahr möchte ich …

> einen Umtrunk halten
>
> faulenzen in diesem Sommer
>
> dieses Jahr   ans Meer gehen

 3 次の会話を聞いてみましょう。休日の過ごし方について尋ね合っています。その後ペアになって、尋ね合ってみましょう。

27

A : Hallo! Was machst du in deiner Freizeit?

B : Ich gehe oft mit einem Freund ins Café und manchmal auf eine Party.

A : Du bist sehr gesellig!

B : Was machst du denn in deiner Freizeit?

A : Ich bin meistens zu Hause. Ich lese oft Bücher oder sehe Filme.

> eine Reise machen   lesen   ins Kino gehen   tanzen   Klavier spielen   kochen
>
> fotografieren   Musik hören   zur Party gehen   einkaufen gehen   viel schlafen
>
> in die Kneipe gehen   mit einem Freund ins Café gehen

 4 ペアになって具体的なシーンに則して尋ね合ってみましょう。

28

❶ 何をするのが好きですか？

A : Was machen Sie gern, Frau Jäger?

B : Also, ich arbeite gern im Garten.

A : Fährt dein Sohn auch gern Fahrrad?

B : Ja, er fährt auch gern Fahrrad.

> machen する（英語の *make, do* に相当）
>
> arbeiten 仕事をする   im Garten 庭で
>
> fahren 乗る・乗り物で行く
>
> *n.* Fahrrad 自転車（Fahrrad fahren 自転車に乗る）
>
> auch … も（*too*）

🎧29 **②** 今晩、僕の家に来ない？

A : Surfst du gern im Internet?

B : Ja, ich surfe gern im Internet. / Ja, mache ich.

A : Heute kaufe ich noch einen Computer. Komm heute Abend zu mir!

　　Wir surfen zusammen im Internet.

B : Schade, heute Abend habe ich keine Zeit.

> surfen （ネット）サーフィンする　heute 今日　*m.* Abend 夕方　zu 〜へ（英語の *to* に相当）
> zu mir 私に　zusammen 一緒に　Schade! 残念！　*f.* Zeit 時間

🎧30 ホテルで使える表現です。（　　　）に合う単語を入れてみましょう。

❶ チェックイン

A : Guten Tag.

B : Guten Tag.

A : Ich bin Tomoko Yamada und ich habe ein Einzelzimmer (　　) Dusche

　　reserviert.

B : Einen Moment, bitte. Tomoko Yamada (　　) Japan?

A : Genau.

B : (　　　　) Sie (　　) bitte Ihren Ausweis zeigen?

A : Hier ist mein Pass.

B : Danke schön.

A : Bitte schön.

> *n.* Einzelzimmer 1人部屋　　*f.* Dusche シャワー
> reservieren 予約をする　　Genau! その通り！
> *m.* Ausweis 身分証明　　*m.* Pass パスポート
> Bitte schön. どうぞ

🎧31 **❷** チェックアウト

A : (　　　　　) Sie, ich (　　　) gern auschecken.

B : Ihre Zimmernummer, bitte.

A : Sie ist 174.

B : Sind Sie Frau Yamada?

A : Richtig. (　　) ich (　　) Kreditkarte bezahlen?

B : Ja. (　　　) Sie dann dieses Formular ausfüllen und hier unterschreiben?

A : OK, alles klar!

次のことわざの意味を考えてみましょう。対応する日本語のことわざがあればそれを挙げましょう。

❶ Reisen bildet.

❷ Wessen Brot ich esse, dessen Lied ich singe.

Kolumne　コラム

　ドイツ人は休暇をとても重要視しており、休暇中に仕事のメールをしても休み明けまで返事がないことが常です。夏休みにもなると多くの人が旅行に行きます。中でもドイツ人が好む行き先はイタリアやスペインなどの南欧諸国やバルト海で、休暇中のドイツ人が大挙して訪れるため、スペインのイビサ島やマヨルカ島などはドイツ人で溢れかえります。

　太陽の光が強く、ドイツよりも温暖なこれらの国々は、昔からドイツ人の旅行の行き先として人気を集めていました。『ファウスト』や『若きウェルテルの悩み』などの大作で知られる文豪にしてヴァイマール公国の宰相（総理大臣）を務めたゲーテも自らの旅行の記録を『イタリア紀行』に記していますし、作家のトーマス・マンもイタリアのヴェネツィアでの体験を元に『ヴェニスに死す』を著しています（ヴェネツィアで死んだわけではありませんが）。ちなみにゲーテは10年ほど宰相職にあったものの、無期限の休暇を得て2年間イタリアに滞在しています。元々「許可」という意味の Urlaub という言葉の通り、許可を得ての休暇を得たわけです。

　一方、ドイツ語で「休暇」と訳されるもう一つの単語である Ferien は夏休みなど、学校がない時期を指す言葉です。

イビサ島

Esskultur

ドイツの食文化

Einführrng

ドイツを知るために、次のホームページを活用してみましょう。
ここではドイツの食文化が紹介されています。

https://text.asahipress.com/free/german/4Jahreszeiten/video/mov_01_culture_02_food-cul.html

はじめに

　ドイツの食べ物は何かと考えた時、料理よりもソーセージやジャガイモなどの食材を想像する人は多いのではないでしょうか。各地方には様々な郷土料理がありますが、ドイツ全体として考えると、やはり食材の方が想像しやすいように思われます。というのも、地理的にドイツは食材に乏しかったため、羊の腸に肉を詰め込んだソーセージのような保存食や、痩せた土地でも育つジャガイモが重要視されてきました。また、ドイツといえば、ビールを連想する人は多いのではないでしょうか。ドイツのビールは地方色も豊かで、国内に1,400社ほどの醸造所があり、6,000種類以上のビールが生産されています。ビール大国の呼び声が高いドイツは、一人当たりのビール消費量の国別ランキングで、常に上位に立っています。

課　題

　ドイツの伝統的な食文化には、昼は温かい食事 (warmes Essen)、朝・晩は冷たい食事（kaltes Essen）という習慣があります。この冷たい食事とは、冷蔵庫や冷凍庫などで冷やした食事ということではなく、火を使わずに調理が簡単な食事という意味です。具体的には、パンにバターを塗って、ハムやチーズ、野菜などをのせたものです。
　さて、朝食に冷たい食事というのは理解できますが、夕食も冷たい食事にする理由とは一体何でしょうか。また、日本とドイツの三食に対する考え方の違いが見られますが、その相違とは一体何でしょうか。併せて調べてみましょう。

1 ドイツの食べ物・飲み物の写真と名前を結び付けてみましょう。

n. Schnitzel	*f.* Currywurst	*n.* Bier	*m.* Dönerkebab
pl. Bratkartoffeln	*m.* Leberkäse	*n.* Brötchen/Semmel	*f.* Brezel
m. Berliner Pfannkuchen	*n.* Sauerkraut	*m.* Stollen	*m.* Knödel

①

....

②

....

③

....

④

....

⑤

....

⑥

....

⑦

....

⑧

....

⑨

....

⑩

....

⑪

....

⑫

....

2 ドイツ料理店に来ました。ペアになって、(　　　) に入る適切な語を囲みから選択しましょう。また、空欄A、Bにはメニューから文脈に合うものを選びましょう。

客：　　　　Hallo, ist (　　　　　) da? Kann ich die Speisekarte haben?

ウェイター：　Natürlich! Hier, bitte. Was möchten Sie bestellen?

客：　　　　Moment. Ich möchte (　　　　　) zu trinken.

ウェイター：　Dann kann ich (　A　) empfehlen.

客：　　　　Ok, dann nehme ich das.

ウェイター：　Und zum Essen?

客：　　　　Nichts, danke. Ich habe keinen Hunger.

ウェイター：　Leider muss (　　　　　) hier mindestens eine Speise bestellen.

客：　　　　Ok, ich nehme (　B　).

| etwas |
| jemand |
| man |
| nichts |
| alles |

Speisekarte

Hauptgericht

Currywurst mit Brötchen	6,20 €	Schnitzel	6,10 €
Bratkartoffeln mit Salat	5,20 €	Dönerkebab	5,00 €
Leberkäse	6,30 €	Knödel	5,80 €

Getränke

Mineralwasser	2,00 €
Tee	2,00 €
Kaffee	2,00 €
Weißwein	3,70 €
Rotwein	3,80 €
Bier	2,90 €

Kuchen

Brezel	5,00 €
Stollen	5,10 €
Berliner Pfannkuchen	3,10 €

注文の仕方

■ Ich hätte gern ...　〜が欲しいです。　　■ Ich möchte ...　〜が欲しいです。

■ ..., bitte.　　　　　〜をお願いします。　　■ Ich nehme ...　〜にします。

32

3 下の会話例や単語を参考に2人組で話し合ってみましょう。

❶ どんな食べ物が好きですか？

A： Was essen Sie gern?

B： Ich esse gern Nudeln.

A： Was trinken Sie gern?

B： Ich trinke gern Tee.

❷ どちらの食べ物が好きですか？

A： Was isst du lieber, Orange oder Banane?

B： Ich esse lieber Orange als Banane.

疑問文では…

■ Essen Sie gern Nudeln?

■ Was essen Sie gern?

■ lieber A als B:
Bよりもむしろ A のほうがいい
(rather A than B)

次のことわざの意味を考えてみましょう。対応する日本語のことわざがあればそれを挙げましょう。

❶ Aller Anfang ist schwer.

❷ Aus nichts wird nichts.

Kolumne コラム

　ドイツの主食というと何と言ってもジャガイモです。しかし、実はドイツだけではなく、多くの東欧諸国もジャガイモを主食とするので、自称ジャガイモ国がいくつもあるような状況になっています。

　ドイツを代表する別の食材といえばソーセージです。ドイツ全国には実に様々な種類のソーセージがあり、その文化の深さをうかがわせます。実際に、ドイツ語にはソーセージ Wurst を含む慣用句がたくさんあります。「目には目を」という表現はドイツ語でも Augen um Augen と言いますが、類似表現に「ソーセージにはソーセージを」Wurst wider Wurst というものもあります。これはかつてお祭りの際に互いにソーセージを投げ合ったことに由来するようです。また、Es ist mir egal!「それは僕にとってはどうでもいい！」という表現のヴァリエーションに Es ist mir Wurst!「それは僕にとってはソーセージだ！」というものもあります。ここでは Wurst の s が sch と発音されるので注意が必要です。

Bratkartoffeln

Kartoffelsuppe

Salzkartoffeln

Kartoffelpfannkuchen

Kartoffelbrei

Pommes frites

Knödel / Kloß

Kartoffelsalat

Oktoberfest

オクトーバーフェスト

Einführng

ドイツを知るために、次のホームページを活用してみましょう。
ここではオクトーバーフェストについて紹介されています。

https://text.asahipress.com/free/german/4Jahreszeiten/video/mov_07_event_02_Oktoberfest.html

はじめに

　ミュンヘンのオクトーバーフェストは世界最大のビール祭りです。毎年9月下旬から2週間ほどの期間で開催され、国内外から延べ600万人が集まり、この期間のビール消費量はおよそ600万リットルにおよびます。

　大手ビール醸造所が建てるテント（Bierzelt）の中では、マース（Maß）という1リットルのビールジョッキを片手に大賑わいです。また、ビールに限らずローストチキン（Brathendl）や子豚の丸焼き（Spanferkel）、プレッツェル（Brezel）や魚の炭火焼き（Steckerlfisch）などビールに合う様々な食事も一緒に楽しむことができます。

　そして、屋外には大規模なアトラクションが用意され、若い人たちを中心に楽しまれています。すべてがこの期間のために設営された移動遊園地です。このお祭りが終わるとドイツでは足早に寒くて長い冬へ近づいていきます。

課 題

　世界中から多くの人たちがミュンヘンを訪れ、オクトーバーフェストを満喫していますが、そもそもこのお祭りの起源とは一体どのようなものだったのでしょうか。また、オクトーバーフェストの伝統で、„O'zapft is!" というフレーズがありますが、このフレーズはどのような意味があり、どのような場面で使用されるのでしょうか。調べてみましょう。

1 次はオクトーバーフェストの出店での会話です。日本語文を参考に、（　　）の中の語を適切な形に変化させましょう。

客：　Grüß Gott! Ich möchte ein Weißbier.
　　　こんにちは。白ビールをお願いします。

店主：　Hier bitte!
　　　どうぞ！

客：　Hä, aber das ist nicht (weiß).
　　　え、でもこれ白くないですよ。

店主：　Na ja, Weißbier ist kein (weiß) Bier. Es hat normalerweise (blond) oder (dunkel)
　　　Farbe.
　　　白ビールは白いビールじゃないですよ。普通は淡い黄色か暗い色をしています。

客：　Ach so, Deutsch ist eine (schwierig) Sprache. Vielleicht die (schwierigst)
　　　Sprache.
　　　ドイツ語は難しいですね。もしかすると、一番難しい言語かもしれません。

店主：　Das stimmt nicht. (All) Sprachen sind genauso schwierig wie Deutsch.
　　　そんなことはないですよ。全ての言語はドイツ語と同じくらい難しいですよ。

2 オクトーバーフェストの会場までの道のりを尋ねてみましょう。

❶ 下の地図上での自分の立ち位置を決めて、そこからオクトーバーフェストの会場である Theresienwiese までの道のりを調べてみましょう。

❷ 2人組を作り、道案内の表現を練習しましょう。

　　A：以下の【道のりを尋ねる表現】を参考にして、パートナーに会場までの道のりを尋ねてみましょう。

　　B：上の地図を見ながら【道案内の表現】を参考にして、会場までの道のりを伝えましょう。（地図を指し示しながら、説明しましょう）

【道のりを尋ねる表現】

Wie kann ich auf die Theresienwiese* kommen / gehen?

Wo ist die Theresienwiese?

* Theresienwiese: ミュンヘン旧市街南西にある公園で、東京ドーム約 9 個分の広さがあります。オクトーバーフェストはここ
で開催されます。

※上の表現は直接的すぎるため、実際は Können Sie mir bitte sagen, wo die Theresienwiese ist? / Wissen Sie vielleicht,
wo die Theresienwiese ist? のような表現の方がよく使われます。

【道案内の表現】

Gehen Sie geradeaus.

An dieser Ecke gehen Sie nach links / rechts.

Theresienwiese befindet sich in dieser Richtung an der linken / rechten Seite.

 乾杯の歌を歌ってみましょう。

ドイツにはオクトーバーフェストの際に歌う乾杯の歌（バイエルン方言）があります。聞いて歌ってみましょう！

Ein Prosit, ein Prosit der Gemütlichkeit.
Oans, zwoa, drei, g'suffa! Prost!

（この安らぎに乾杯。1、2、3、飲み干せ！乾杯！）

Oans=eins zwoa=zwei

g'suffa=gesoffen (saufen「飲む」の過去分詞)

曲が流れ始めると人々はジョッキを手に持ち、歌い出し、掛け声とともに一斉に乾杯します。

➡ web ページで見る・聞く

次のことわざの意味を考えてみましょう。対応する日本語のことわざがあればそれを挙げましょう。

① Ein gutes Gewissen ist ein sanftes Ruhekissen.

② Guter Ruf ist Goldes Wert.

Kolumne コラム

　ドイツには 1516 年にバイエルン王国で制定されたビール純粋令（Reinheitsgebot）という法律があり、ビールの原料として大麦、ホップ、水（のちに酵母も追加）以外を使用することを禁じています。この法律は現在でも有効な法律です。しかし、ビールの中には Weizen と呼ばれる小麦を使用したものもあります。これはビール純粋令がそもそもビールの品質を保つためのものであったことと（制定当時は様々な不純物が混ぜられた粗悪品が蔓延していた）、主食である小麦を原料にしたビールの品質が悪いわけではないため例外として認められていたことに由来しています。もちろん、主食を原料とするのでそれなりに裕福でないと手がでなかったようではあります。

　ビールにも醸造方法などに応じて様々な種類のものがあります。現在、世界で生産されるビールの多くはピルスナースタイルだとされています。ピルスナーはチェコのプルゼニ（ドイツ語名でピルゼン）でバイエルン人のヨーゼフ・グロルが 1842 年に発明した、色が明るくクセのないタイプのビールです。グロルが発明したピルスナーはピルスナー・ウルケル（Urquell、文字通りに「元祖ピルスナー」）と名付けられ、このピルゼン風ビールは急速に広まるのです。現在では、世界で飲まれる 9 割はこのスタイルであると言われるほどになります。日本でビールと呼ばれるものの大半もピルスナーですが、欧州進出のため 2016 年にアサヒビールがピルスナー・ウルケルを買収するという出来事もありました。

Weizenbier

Pilsner Urquell

Pilsner

Einführng

ドイツを知るために、次のホームページを活用してみましょう。
ここでは「ドイツの中のニッポン」が紹介されています。

https://text.asahipress.com/free/german/4Jahreszeiten/video/mov_01_culture_03_nippon.html

はじめに

　アジアの人が欧米の文化を異文化と感じるように、ヨーロッパの人が遠い東の国の文化に興味を持つことがあるかもしれません。というのも、最近では柔道や生け花、日本食ばかりではなく、日本のマンガが人気を呼んでいるからです。小さな町でもマンガ専門店を見かけることがあり、翻訳された日本のマンガが多くの若い人たちに読まれています。欧米のコミックは「子どもが読むもの」という固定観念のようなものがありましたが、日本のマンガの優れたストーリー性や創造性が注目されたのです。

課　題

　第1課で紹介したデュッセルドルフには、日系企業や在留の日本人がドイツで最も多く、和食レストランや居酒屋など日本に関連した様々なお店が通りに立ち並んでいるなど、ドイツとは思えない景色が広がっています。そのことから、デュッセルドルフはリトル・トーキョー (Little Tokyo) と呼ばれることもあります。
　さて、デュッセルドルフで日本との交流が増え始めたのは、戦後の日本企業の進出がきっかけと考えられます。なぜ日本企業は他の都市ではなく、デュッセルドルフを選んだのでしょうか。調べてみましょう。

1 ドイツ人の知人 Julian に日本の事を紹介してみましょう。まず、日本についての作文をしてから、
PowerPoint にまとめ、プレゼンテーションをしてみましょう。下のキーワードを参考にしてください。

┌─ キーワード ─┐

m./n. Manga 漫画　　*f.* Teezeremonie 茶道　　*n.* Ikebana 華道　　*n.* Sumo 相撲　　*f.* Kirschbaum 桜（の木）

m. Kimono 着物　　*n.* Essstäbchen 箸　　*n.* Sushi 寿司　　*pl.* vier Jahreszeiten 四季

2 以下はデュッセルドルフについての文です。日本語文を参考に（　　　）の語を適切な形に変化させましょう。
（　　　）が空欄の場合は適切な語を入れてみましょう。

❶ In Düsseldorf kann man die (japanisch) Kultur erleben.
デュッセルドルフでは日本の文化を体験することができます。

❷ (In die) Immermannstraße gibt es japanische (Restaurant), (Kneipe) und (Buchhandlung).
インマーマン通りには日本食レストラン、日本の居酒屋、日本の書店があります。

❸ Jedes Jahr kommen Hunderttausende Besucher (zu der) Japan-Tag.
毎年、Japan-Tag に数十万もの人が来場します。

❹ Am Japan-Tag können die Besucher die (traditionell) und die (modern) (japanisch) Kultur
kennenlernen.
Japan-Tag では、来場者は日本の伝統文化や現代文化に触れることができます。

❺ (An der) Abend kann man ein Feuerwerk am Rhein genießen.
夜にはライン川で花火が楽しめます。

❻ (　　　) findest du den Japan-Tag? – Ich finde ihn total toll.
Japan-Tag をどう思いますか。―すばらしいと思います。

  34 3 以下は日本についての会話です。日本語文を参考に（　　　）の語を適切な形に変化させましょう。（　　　）
が空欄の場合は適切な語を入れてみましょう。

❶

A : Was für eine japanische Sache ist in Deutschland am (berühmt)?
ドイツで一番有名な日本のものといえば何ですか？

B : Ich denke, japanische Autos. Toyota ist die (beliebt) japanische Automobilmarke. Außerdem

sind Manga, japanische Gärten und japanisches Essen genauso (bekannt) Autos.
日本車だと思います。トヨタは一番人気のある日本車です。それと、漫画や日本庭園、日本食も日本車と同じくらい有名
です。

A : Das wusste ich nicht.
それは知りませんでした。

B : Ja, kürzlich bin ich in ein Sushi-Restaurant gegangen. Sushi schmeckt mir gut, aber

die Banane mit süßer Soße war am (gut)! Wie heißt dieses japanische Gericht?
そうだ、この前、寿司レストランに行ってきました。寿司も美味しかったけど、バナナに甘いソースがかかった料理が
一番おいしかったです。あの日本食ってなんていう名前ですか？

A : Ich weiß es nicht, aber auf jeden Fall ist das kein japanisches Gericht.
名前は分かりませんが、少なくとも、日本食ではありません。

A : Ich vermisse japanisches Essen.
　　日本食が恋しいです。

B : Du solltest nach Düsseldorf fahren.
　　デュッセルドルフに行くべきです。

A : Warum?
　　どうしてですか？

B : In Düsseldorf liegt das (groß) japanische Viertel und dort gibt es die meisten japanischen Restaurants in Deutschland.
　　デュッセルドルフにはドイツで一番大きな日本人街があり、日本食レストランの数もドイツ最大です。

A : Ich möchte dorthin fahren! Wohin sollte ich in Düsseldorf unbedingt gehen?
　　行ってみたいです！ どこに行くべきですか。

B : Du solltest in die Immermannstraße gehen. Dort gibt es verschiedene japanische Restaurants und Kneipen.
　　イマーマン通り周辺に行くべきです。そこには、様々な日本食レストランや居酒屋があります。

A : Das ist toll. Obwohl hier das japanische Essen (teuer) als in Japan ist, möchte ich es jetzt essen.
　　それはすばらしいです。ドイツの日本食は日本よりも高いけど、今は日本食を食べたいです。

B : Einige Restaurants bieten ein Buffet an, deshalb kannst du dort (günstig) als in anderen Restaurants essen.
　　一部のレストランでは食べ放題をやっているので、他のレストランよりも料理を安く食べられますよ。

A : Das ist gut. Gibt es dort auch „all-you-can-drink"?
　　それは良いですね。飲み放題もありますか？

B : Was? Gibt es „all-you-can-drink" in Japan?
　　はい？ 日本には飲み放題があるのですか？

A : Ja, genau. Das ist praktisch.
　　はい、そうなんです。実際よく使われています。

B : Deutsche Restaurants und Kneipen sollten dieses System haben!
　　ドイツのレストランや居酒屋でも飲み放題をやるべきです。

A : Das ist eine gute Idee, aber dann würden sie pleitegehen.
　　良いですね、でも、そうすると多くのレストランが潰れてしまうかもしれません。

 デュッセルドルフの旧市街には居酒屋やバーが多く立ち並ぶことから、以下のように呼ばれています。この空欄には形容詞の最上級形が入りますが、それは何でしょうか。また、訳してみましょう。

　　die (　　　　　　　　　) Theke der Welt

次のことわざの意味を考えてみましょう。対応する日本語のことわざがあればそれを挙げましょう。

❶ Besser spät als nie.

❷ Egal wie dicht du bist, Goethe war Dichter.

Kolumne コラム

　ドイツで有名な日本のものはマンガや和食に限りません。実は、ドイツの有名な磁器の産地であるマイセンも、その起源において日本（ひいては中国）と大きな関わりを持っているのです。マイセンはドイツ東部、ザクセン地方の都市で、州都ドレスデンの郊外に位置します。ザクセン地方は中世末期以降、ザクセン選帝侯国が栄えました。

　折しも大航海時代以降、欧州各国はアジアとの貿易を目指して東インド会社を続々と設立し、香辛料などの取引で莫大な富を得ます。取り引きされた商品は香辛料にとどまらず、中国の景徳鎮の白磁などもヨーロッパの王侯貴族の間で人気を博します。ところが、1644 年に明王朝が滅び、政情が不安定になると景徳鎮の製造が止まってしまい、中国から輸入ができなくなりました。この時、その代わりにオランダが輸入するようになったのが日本の伊万里焼（有田焼）だったのです。すでに朝鮮に伝わっていた中国の磁器製造技術が、秀吉の朝鮮出兵を経て、佐賀に伝わっていたわけです。

　ポーランド国王でもあったザクセン選帝侯フリードリヒ・アウグスト一世はこうした中国の白磁や日本の伊万里焼の一大コレクターでした。その収集熱はプロイセン国王のコレクションを譲り受けるために自分の兵士と交換するほどでした。しかし、こうした磁器収集は当然莫大な出費を伴います。そのため、フリードリヒ・アウグストは次第に磁器の国内生産を目指し、錬金術師ベットガー (Böttger) を幽閉してその製造を命じます。当時のヨーロッパではすでに磁器の模倣品が作られるようになっていましたが、本物の磁器を作るには困難を伴いました。ベットガーは試行錯誤の末 15 年の歳月を費やして、磁器の原料がケイ素を多く含むカオリナイトという粘土であること、1,300 度の高温で焼くことで磁器ができることを突き止め、国内生産に成功しました。これ以降、マイセンは磁器の一大生産地となるのです。

ベットガーが幽閉されたアルブレヒト城

マイセン磁器の絵付け

LEKTION 15

EU とドイツ

Einführng

ドイツを知るために、次のホームページを活用してみましょう。

ここでは EU について紹介されています。

https://text.asahipress.com/free/german/4Jahreszeiten/video/mov_06_politics_03_EURO-EU.html

はじめに

　EU（英 European Union, 独 Europäische Union）は戦後に欧州統合を目指した EC（英 European Commission, 独 Europäische Gemeinschaft）を基に、マーストリヒト条約に従って創設されました。加盟国数は 2020 年 1 月 31 日にイギリスが EU を離脱したため、現在は 27 カ国となっています。

　EU では基本概念として「人・物・サービス・資本の移動の自由」が掲げられています。人の自由とは、入国審査なしに国境を超えることができること、物の自由とは、加盟国内の関税が撤廃されることでスムーズに輸出入が可能となること、サービスの自由とは、加盟国内で自由に経済活動ができることです。例えばドイツで医師の免許を取得した人は他の加盟国でも開業できます。また、資本の自由とは、他国への貨幣の送金や投資に制限がないことなどが挙げられます。このように移動の自由の概念が規定されていることで、EU の単一市場が形成されています。

課　題

　EU の基本概念の一つである「人の移動の自由」は国境を越える際にパスポートやビザをチェックされずに容易に他国へ入国できるということを意味します。例えば、居住国よりも隣国の方で安く品物を買うことができれば、買い物目的で国境を越える人がいるかもしれませんし、ふらっと観光しに行く人もいるかもしれません。このように身近にメリットを感じられる「人の移動の自由」ですが、一方で問題もあります。

　この問題とは一体何でしょうか。次のキーワードから 1 つ選び、調べてみましょう。

キーワード
治安・難民・人口・経済・人権

Übungen

 1 EU 内では様々な国籍の人に会うでしょう。ペアになって、お互いに下のカードの中から一枚ずつ選び、その国の出身者になりきって会話をしてみましょう。①〜③をお互いに尋ねてみましょう。

① 名前 ② 綴り ③ 出身

Person①
名前	Christine Herrmann
出身地	Deutschland

Person②
名前	Elia Zanetti
出身地	Italien

Person③
名前	Cécile Esch
出身地	Frankreich

Person④
名前	Sergio de la Puente
出身地	Spanien

EU 加盟国
 36

Belgien ベルギー	Bulgarien ブルガリア	Dänemark デンマーク	Deutschland ドイツ
Estland エストニア	Finnland フィンランド	Frankreich フランス	Griechenland ギリシャ
Italien イタリア	Irland アイルランド	Kroatien クロアチア	Lettland ラトビア
Litauen リトアニア	Luxemburg ルクセンブルク	Malta マルタ	die Niederlande オランダ
Österreich オーストリア	Polen ポーランド	Portugal ポルトガル	Rumänien ルーマニア
Schweden スウェーデン	die Slowakei スロバキア	Slowenien スロベニア	Spanien スペイン
Tschechien チェコ	Ungarn ハンガリー	Zypern キプロス	

それ以外の国
 37

Japan 日本	die Schweiz スイス	England / Großbritannien イギリス	Russland ロシア
die Türkei トルコ	Singapur シンガポール	China 中国	Südkorea 韓国
Nordkorea 北朝鮮	Australien オーストラリア	Neuseeland ニュージーランド	Kanada カナダ
Amerika / die USA アメリカ		die Elfenbeinküste コートジボワール	など

 2 日付や時間、分数 (halb ½, Viertel ¼) を表す表現を使って、次の①〜③の質問に答えてみましょう。

① **Um wie viel Uhr beginnt die Fernsehserie?**　　何時にドラマは始まりますか？

② **Wann haben wir das nächste Date?**　　いつ次のデートをしますか？

③ **Wie viel Milch ist noch übrig?**　　牛乳はどれくらい残っていますか？

3 タイムスケジュールを書いてみましょう。

❶ 例を参考に、あなたのモーニング・ナイトルーティンをタイムスケジュール表にしてみましょう。何時に何をするのか書いてみましょう。

例

Morgenroutine	um ○○ Uhr	+	aufstehen・beten・lüften・frühstücken・Toilette putzen

Nachtroutine	um ○○ Uhr	+	Schuhe putzen・etwas Positives ins Tagebuch schreiben meinem Freund/ meiner Freundin eine Gute-Nacht- Nachricht senden meditieren・beten・schlafen gehen

Morgenroutine

....

....

....

Nachtroutine

....

....

....

❷ ❶で書いた表をもとに、自分の一日のルーティンを紹介してみましょう。

38

例

Um 7 Uhr stehe ich auf und dann bete ich. Um 7 Uhr 20 mache ich das Fenster auf und lüfte. Um 7 Uhr 30 frühstücke ich. Danach putze ich die Toilette. Das ist meine Morgenroutine.

　Um 21 Uhr putze ich meine Schuhe. Dann schreibe ich etwas Positives ins Tagebuch. Und um 21 Uhr 50 sende ich meinem Freund eine Gute-Nacht-Nachricht. Danach meditiere und bete ich und um 22 Uhr 30 gehe ich schlafen. Das ist meine Nachtroutine.

> auf|stehen 起床する　　beten 祈る　　auf|machen 開ける　　lüften 換気する　　putzen 磨く　　*n.* Tagebuch 日記
> schreiben 書く　　senden 送る　　meditieren 瞑想する　　schlafen gehen 就寝する
> *auf|stehen、auf|machen は分離動詞と呼ばれる動詞です（19 課を参照）。

次のことわざの意味を考えてみましょう。対応する日本語のことわざがあればそれを挙げましょう。

❶ Einmal ist keinmal.

❷ Alles hat ein Ende, nur die Wurst hat zwei.

Kolumne コラム

　欧州連合（EU）の歴史は、第二次世界大戦後に、ドイツとフランスが二度と戦争をしないことを目指して結成された欧州石炭鉄鋼共同体（EUSC）に直接遡ります。この機関は戦争遂行にあたって必須である石炭と鉄鋼の共同市場を作ることによって、事実上独仏が戦争をすることを不可能にすることを目的としていました。この原加盟国としてフランスと西ドイツの他に、イタリアとベネルクス三国も参加しました。欧州石炭鉄鋼共同体設立の数年後には欧州経済共同体（EURATOM）、欧州原子力共同体（EEC）も設立され、欧州各国の協力が徐々に進展、これらの機関は欧州共同体（EU）へ、そして EU へと発展していきました。

　しかし、それまで犬猿の仲であった独仏をはじめ、戦果を交えたこともある国々が進んで自国の権利を共同機関に預ける道のりは容易ではありませんでした。二度と戦争の惨禍を繰り返さないという目的があっても、フランスは度々共同体の権限が増大することには反対していましたし、2020 年についに EU を抜けたイギリスも様々な点において距離を取っていました。それでも EU がここまで発展してきたのは、統合によって戦争の脅威がなくなり、アメリカにも対抗できる経済規模の市場が実現し、生活レベルも向上するというメリットがあったからです。

　統合されたヨーロッパの理想図としては、9 世紀に現在のドイツ、フランス、イタリアの大半を支配したカール大帝 Karl der Große（フランス語ではシャルル・マーニュ）の西ローマ帝国がしばしば挙げられ、カール大帝はヨーロッパの父と呼ばれることもあり、欧州統合の精神的な理念となっています。ですが、そもそも欧州を統合しようという発想は第一次世界大戦後に、オーストリアの貴族出身のリヒャルト・クーデンホーフ＝カレルギー伯爵が提唱した汎ヨーロッパ主義に由来します。第一次世界大戦はそれまでのヨーロッパの圧倒的優位が瓦解し、彼の母国であるオーストリア＝ハンガリー帝国も消滅してしまうなど、ヨーロッパの没落を象徴する出来事でした。汎ヨーロッパ主義は、ヨーロッパが統合されることによってアメリカやソ連にも対抗できるようになるというもので多くの支持者を集めましたが、世界恐慌やナチスの台頭などの社会的情勢はむしろ反対の方向へと進んでいき、欧州統合は第二次世界大戦後に持ち越されるのです。

リヒャルト・クーデンホーフ＝カレルギー

本と映画

Einführng

ドイツを知るために、次のホームページを活用してみましょう。
ここではドイツの本屋について紹介されています。

https://text.asahipress.com/free/german/4Jahreszeiten/video/mov_01_culture_09_Buchhandlung.html

はじめに

　ドイツ人は概して本好きであり、自分で読む以外に、なにかの折にプレゼントすることもあります。ドイツの本屋では立ち読みを迷惑がることはなく、むしろ立ち読み用のコーナーを設けて、椅子やソファーなどが設置されています。これはゆっくり読んで気に入った本を買ってもらうという配慮からです。また、子ども用コーナーを設置しているお店もあります。

　近年、オンラインショップで本を購入する人が増えていますが、ドイツでは夕方までに店頭で注文すると、翌日の開店時間には本が届くといった優れたシステムがあるため、今でも書店で本を購入する人は少なくありません。

課　題

　ドイツのベルリン国際映画祭（通称ベルリナーレ：Berlinale)はヴェネツィア国際映画祭、カンヌ映画祭に並ぶ世界三大映画祭の一つです。1951年に始まって以来、ベルリナーレは毎年2月に開催され、世界中から多くの人が訪れています。映画祭には、コンペティション（Wettbewerb）部門、パノラマ（Panorama）部門、フォーラム（Forum）部門など様々な部門があります。中でもコンペティション部門では、集まった作品の中から最優秀作品を決め、最高賞である金熊賞（Goldener Berliner Bär）が贈呈されます。

　さて、1951年に開催された第1回映画祭では、Schaufenster der freien Welt「自由世界のショーケース」という目標が掲げられました。これは当時の世界情勢を踏まえたものと考えられます。この理念の背景にはどのようなものがあったでしょうか。調べてみましょう。

1 下の作品が①〜④のどの種類に当てはまるか、分類してみましょう。

① der Krimi   ② der Roman   ③ das Märchen   ④ der Mang

a    b    c

d    e    f

2 好きな映画の感想を伝えてみましょう。

❶ 下線部の形容詞を入れ変えて、映画のいろいろな感想を伝える文章を練習してみましょう。

Der Film ist <u>rührend</u>!

> interessant   langweilig   lustig   traurig

❷ ペアで会話をしてみましょう。

　　A : Ich habe gestern den Film, „<u>Titanic</u>" gesehen.

→ 観たことがあるとき

　　B : Ich habe den Film auch gesehen. Er ist <u>traurig</u>!

→ 観たことがないとき

　　B : Ich habe den Film nie gesehen. Wie war der Film?

　　A : Er war <u>traurig</u>!

> *m.* Krimi 推理小説　　*m.* Fantasy-Roman ファンタジー小説　　*m.* historischer Roman 歴史小説
>
> *m.* Liebesroman 恋愛小説　　*n.* Märchen おとぎ話　　*m.* Manga 漫画　　*f.* Autobiografie 自伝
>
> *n.* Lehrbuch 教科書　　*n.* Kochbuch 料理本　　*f.* Zeitung 新聞　　*f.* Zeitschrift 雑誌

3 以下の文は映画に関する感想です。内容にふさわしい接続詞を並んで（　　）を埋めましょう。

Der Film ist langweilig, (denn) seine Handlung ist ganz anders als das Original.
この映画はつまらないです、というのもストーリーが原作と全く違うので。

Dieser Film gefällt mir, (obwohl) ich Filme eigentlich nicht mag.
ほんとうは、映画は好きではないのですが、この映画は好きです。

Ich mag diesen Film, (aber) nicht den anderen.
この映画は好きですが、もう一方の映画は好きではありません。

> **接続詞**
>
> und ～と　　oder ～か…　　aber しかし　　denn なぜなら～　　wenn ～時、もし～なら
>
> als ～時（過去1回きり）　　weil なぜなら～　　dass ～ということ　　obwohl ～にも関わらず

4 ページのめくり方の違いについて学びましょう。

ドイツ語版の日本マンガの最後のページには、von hinten nach vorn und von rechts nach links lesen などと書いてあることがあります。どういうことなのか、調べて確かめてみましょう。

ドイツの本屋に並ぶ日本マンガ

次のことわざの意味を考えてみましょう。対応する日本語のことわざがあればそれを挙げましょう。

❶ Man muss das Eisen schmieden, solange es heiß ist.

❷ Wenn zwei sich streiten, freut sich der Dritte.

Kolumne コラム

　映画といえば、ハリウッドや近年台頭しているインドのボリウッド、日本なら黒澤明の作品などが真っ先に思い浮かぶかもしれませんが、ドイツも屈指の映画大国です。近年も『帰ってきたヒトラー』（Er ist wieder da）や『ヒトラー最後の 12 日間』（Der Untergang）など日本でも話題になった作品がありますが、他にも社会主義体制が崩壊する前後の東ベルリンの家族を描いた『グッバイ、レーニン！』（Good Bye Lenin!）や『ラン・ローラ・ラン』（Lola rennt）、『ブリキの太鼓』（Blechtrommel）、『白バラの祈り ゾフィー・ショル、最期の日々』（Sophie Scholl – Die letzten Tage）などの名作を数多く挙げることができます。

　ドイツ映画の黄金時代は第一次世界大戦後の、ヴァイマール共和国時代だと言われています。大戦末期にプロパガンダ映画を製作するために設立された UFA（Universum Film AG）という映画会社が中心となり数多くの映画が製作され、ドイツはアメリカに次ぐ映画大国となります。1920 年代は黄金の 20 年代（Goldene Zwanziger）と呼ばれ、文化活動が非常に活発な時期でした。その背景には敗戦によって課せられた巨額の賠償金支払いのための経済的・社会的混乱によって労働者がベルリンに流入し、キャバレーやナイトクラブのような文化が発達したことがありました。

　1933 年のナチス政権の成立によって、ユダヤ系の優れた映画関係者は国外に流出し、またナチスによって退廃的と判断された芸術家は迫害されましたが、ナチスのもとでも多くの映画が製作されました。一部の映画はプロパガンダ映画で、例えばレニ・リーフェンシュタールが製作したベルリン・オリンピックの記録映画などがありますが、一方でプロパガンダ色の全く無い『Die Feuerzangenbowle』のような作品もありました。Feuerzangenbowle とはクリスマスの時期にクリスマス・マーケットなどで購入できる、砂糖に火をつけてアルコールを甘くして飲む飲み物で、この映画は現在でもクリスマス時期になると大学などで上映会が行われます。

Feuerzangenbowle

Arbeit

ドイツの仕事

Einführng

ドイツを知るために、次のホームページを活用してみましょう。
ここではドイツの若者のアルバイト事情が紹介されています。

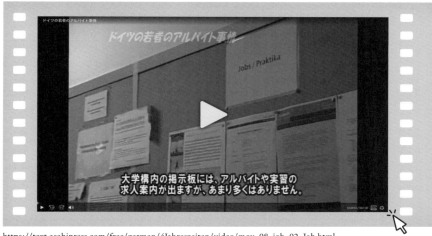

https://text.asahipress.com/free/german/4Jahreszeiten/video/mov_08_job_02_Job.html

はじめに

　ドイツの学生はアルバイト（Minijob, Nebenjob）を常時するより、夏休みなどの休暇を利用する学生が多いようです。その理由は、通常は勉学で忙しく、アルバイトをする時間がないためです。アルバイト先は飲食業が多く、バーやレストランの場合だと時給以外にチップが入るので、良い収入になるようです。さらに、メッセ（見本市）など催し物でのアルバイトは時給も良く、短期で働けます。

　また、ドイツの大学では専門分野で経験を積む実習、「プラクティクム」(Praktikum)が義務付けられているので、その期間は実習させてもらいながら、僅かですが手当てをもらっています。

課　題

　ドイツの学生はアルバイト時間が短いと言われることがあります。その理由は、学生にとってアルバイトをする時間がないということ以外に2つ考えられます。1つは労働時間や労働賃金などの労働条件、もう1つは生活費に日本とドイツの相違点が見られるという点です。それでは、これらの違いとは具体的に何でしょうか。調べてみましょう。

1 仕事を選ぶ際、あなたにとって大事なことは何ですか？下の①〜⑥の中から選んでチェックをつけてみましょう。

① Gehalt ☐ ② Spaß ☐ ③ Ferien ☐

④ fachgemäß ☐ ⑤ Arbeitsklima ☐ ⑥ Motivation ☐

2 ドイツでも履歴書は一般的に書かれています。

❶ 下の履歴書にはどのようなことが書かれているか読んでみましょう。

Lebenslauf

Persönliche Daten	
VORNAME/NACHNAME	Christine Herrmann
ADRESSE	Hauptstraße 12 1001 Berlin
TEL	0111/11111111
FAX	0222/22222222
E-MAIL	abcdef@university.de
STAATSANGEHÖRIGKEIT	deutsch
GEBURTSDATUM	07.11.20XX
Ausbildung	
ZEITRAUM	09/20XX-06/20XX
QUALIFIKATION	Bachelor
HAUPTSTUDIUM	Deutsche Philologie
INSTITUTION	München Universität
Besondere Kenntnisse	
SPRACHKENNTNISSE	Muttersprache: Deutsch
	Englisch: sehr gut
	Französisch: Grundkenntnisse
PC-KENNTNISSE	Word: sehr gut
	Excel: gut
Sonstiges	
HOBBYS	Tennis (seit 20XX im Verein), Lesen

❷ 上の ❶ を参考して、自分の履歴書を作ってみましょう。

3 ペアを作って一人は志願者、もう一人は面接官となり、**2** の **2** で作成した履歴書を基に面接をしてみましょう。その際、志願者は希望する職種をリストの中から一つ選び、その職種を選んだ理由も併せて準備しましょう。面接官は以下の質問項目と表現を参考に質問してみましょう。

質問項目：

・履歴書の内容

・何の仕事を希望するか、なぜその仕事を希望するか

・仕事を選ぶ際に大事なことは何か、そしてそれを選んだ理由

履歴書に関して

■ Wie heißen Sie?	お名前は何ですか。
■ Wo wohnen Sie?	どこに住んでいますか。
■ Woher kommen Sie?	出身はどこですか。
■ Wie alt sind Sie?	年齢はおいくつですか。
■ An welcher Uni studieren Sie?	どの大学に通っていますか。
■ Welche Sprache können Sie sprechen?	どの言語を話せますか。
■ Haben Sie die Auslandserfahrungen?	海外で生活していたことがありますか。
■ Haben Sie PC-Kenntnisse?	パソコンスキルはありますか。
■ Wie verbringen Sie Ihre Freizeit?	余暇をどのように過ごしますか。
■ Was sind Ihre Interessen und Hobbies?	あなたの興味と趣味は何ですか。

仕事に関して

■ Was möchten Sie jobben/arbeiten?	何の仕事をしたいですか。
■ Ich möchte als ... arbeitein.	私は…として働きたいです。
■ Ich möchte ... warden.	私は…になりたいです。
■ Was ist Ihre Motivation?	志望動機は何ですか。
■ Was ist das wichtigste Kriterium bei dem Berufswahl?	職業を選ぶうえで重要な基準は何ですか。

次のことわざの意味を考えてみましょう。対応する日本語のことわざがあればそれを挙げましょう。

① Im Wein liegt Wahrheit.

② Ein Wort gab das andere.

Kolumne コラム

　マイスター制度の起源は中世に遡ります。中世ドイツでは徐々に都市が発達し、その中で同業者組合が結成されました。手工業者の組合は親方、職人、徒弟から構成されましたが、正式な組合員は親方だけでした。組合は時代によっては都市の市政を担う参事会に代表者を送り出せるほどの力を持っていました。その組合の正式なメンバーである親方になるのは時間もお金もかかる困難なことでしたが、親方は職人や徒弟の給料を決める権限を持ちました。また、徒弟は徒弟になる際に一種の保証金を納めなければならないなど、その親方への従属度はかなり高いものでした。

　様々な業種があった組合の中には歌手の組合もあり、そのマイスターはマイスタージンガー（Meistersinger）と呼ばれました。リヒャルト・ヴァグナーがオペラ『ニュルンベルクのマイスタージンガー（Die Meistersinger von Nürnberg）』で描いた組合です。

18 世紀の伝統的な手法で
銅細工を作る工房

現在のマイスターの資格は、
100 種類近くの「手工業マイスター」と
300 種類以上の「工業マイスター」がある。

Bahn / Zug

ドイツの鉄道

Einführng

ドイツを知るために、次のホームページを活用してみましょう。
ここではドイツの鉄道について紹介されています。

https://text.asahipress.com/free/german/4Jahreszeiten/video/mov_11_traffic_02_Bahn.html

はじめに

　ドイツの鉄道は国内に限らず近隣諸国にも鉄道網が張り巡らされているので、とても便利な移動手段です。ドイツでは、都市間をつなぐ日本の新幹線に相当する ICE（InterCity Express）や、特急列車のような IC（InterCity）、各地方を結ぶ快速列車のような RE（Regional Express）、都市内あるいは都市近郊を走る S-Bahn など様々な種類の列車が数多く運行しています。

　このように鉄道網が発達しているドイツですが、多くの人が安価なバス、飛行機を利用していたため、鉄道を利用する人が少ない状況でした。しかし近年、環境問題に対する関心がこれまで以上に高まり、環境負荷の少ない鉄道が注目され始め、その結果、鉄道の利用者数が増加するようになりました。

課題

　ドイツの鉄道会社は多くの人に鉄道を利用してもらうため、様々な割引チケットを提供しています。例えば、1つの州の中で1日乗り放題になるチケット（Länder-Ticket）は、30ユーロ程度で買うことができ、1枚で最大5人まで使用できるお得なチケットです。

　それでは、下記の鉄道とバスのサイトを使って、次の日時・区間・人数の場合、料金はいくらになるか調べてみましょう。

　　　　　鉄道 ➡ 検索サイトへ　　　　バス ➡ 検索サイトへ

区間　：　ミュンヘン中央駅（München Hbf）ー ベルリン中央駅（Berlin Hbf）
日にち：　今日から1か月後の週の金曜日
時間　：　10:00 発
人数　：　大人3名

39

1 電車のアナウンスを聞いてみましょう。

Einsteigen, bitte.

Zurückbleiben, bitte.

Bitte nicht einsteigen.

Im Moment haben wir eine Verspätung von 10 Minuten.

In wenigen Minuten erreichen wir Berlin Hbf.

Zug Richtung Pankow

2 ペアワークをしましょう。

下の地図はベルリン市街のU-bahnの路線図です。

Hallesches Torを出発点として目的地を決め、どの電車に乗ればよいか、行き方を尋ねてみましょう。一人が尋ねる役に、もう一人が答える役になり、終わったら交代しましょう。

例

A : Entschuldigung, ich möchte zum (Hauptbahnhof) fahren. Wie komme ich zum (Hauptbahnhof)?

B : Oh, Sie möchten zum (Hauptbahnhof) fahren. Wir sind hier am Hallesches Tor. Nehmen Sie (die U6). An der Haltestelle (Unter den Linden) steigen Sie um. Da nehmen Sie (die U5). Am (Hauptbahnhof) steigen Sie aus.

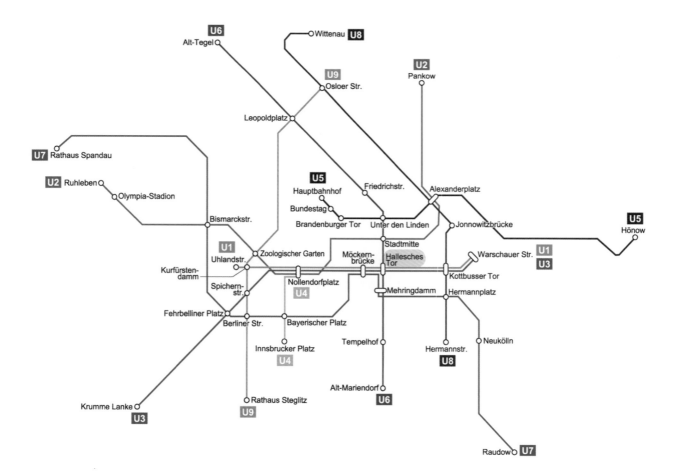

3 ペアになり、切符を買う人と窓口の係の役になりましょう。次に、以下の駅から一つ選び、その選んだ駅を出発駅、ベルリン中央駅 (Berlin Hbf) を到着駅とし、Deutsche Bahn のサイト（http://www.bahn.de）を使ってその区間を調べてみましょう。そして、その調べた結果を基に、一人が切符を買う役、もう一人が窓口の役となって、以下の質問項目と表現を参考にお互いに尋ねてみましょう。

> **駅名**
>
> ボン駅（Bonn）、ハイデルベルク中央駅（Heidelberg Hbf）、
> ローテンブルク駅（Rothenburg ob der Tauber）、フレンスブルク駅（Flensburg）、
> マールブルク駅（Marburg Lahn）

質問事項

> **切符を買う人**
> ①割引があるかどうか ②大人・小人 ③自転車 など

> **窓口の係**
> ①いつ ②どこへ ③片道か往復か など

電車に関連する語彙を学びましょう。

〈乗り降りの表現〉

ein|steigen	乗る	um|steigen	乗り換える
aus|steigen	降りる		

※ steigen に接頭辞をつけると、意味が変化します。（詳しくは第 19 課の分離動詞で）

〈駅に関する語〉

n. Reisezentrum	トラベルセンター	*m.* Bahnhof, Bahnhöfe	駅
m. Bahnsteig, -e	プラットフォーム	*n.* Gleis	…番線
m. Kiosk, -e	キオスク	*m.* Zug, Züge	電車
m. Fahrplan, -pläne	時刻表	*m.* Fahrkartenautomat, -en	券売機
f. Fahrkarte, -n	乗車券	*m.* Schalter	窓口

〈チケット・列車に関する表現〉

einfach	片道の	hin und zurück	往復の
m. Erwachsener / *f.* Erwachsene / *pl.* Erwachsene	大人	*n.* Kind, -er	子供
n. Fahrrad, -räder	自転車	*f.* Ermäßigung	割引
f. S-Bahn	都市近郊鉄道	*f.* U-Bahn	地下鉄
IC (InterCity)	特急列車	ICE (Intercity-Express)	高速列車
RE (Regional Express)	快速列車	RB (Regionalbahn)	普通列車

〈電光掲示板等の表現〉

f. Verspätung, -en	遅延	wegen des Streiks	ストライキのため
keine Prognose	見通し無し	Zug fällt aus.	運休 (aus|fallen 運休する)

次のことわざの意味を考えてみましょう。対応する日本語のことわざがあればそれを挙げましょう。

❶ Es ist noch kein Meister vom Himmel gefallen.

❷ Gegen Dummheit ist kein Kraut gewachsen.

Kolumne コラム

　ドイツの鉄道は産業革命期に始まり、まだ国家統一前であったこともあり、プロイセンやバイエルンなどの領邦が競って建設しました。その結果、1871 年のドイツ帝国成立時には、国内に長大な鉄道網が張り巡らされていました。鉄道はその後のドイツの命運に大きく関わってきます。1888 年に即位した皇帝ヴィルヘルム二世は「世界政策」と呼ばれる積極的な対外政策を取り、その中心には鉄道の敷設がありました。特に有名なのは 3B 政策と呼ばれる、ベルリン － ビザンティウム（イスタンブール）－ バグダードを鉄道で結ぶ政策で、これはイギリスのカイロ － コルカタ － ケープタウンを結ぶ 3C 政策に対抗するものでした。

　また、第一次世界大戦においても鉄道は非常に大きな役割を担います。開戦以前からドイツはフランスとロシアの 2 方面に敵国を抱えており、同時に 2 方面で開戦することを避ける道を探っていました。その際、注目されたのが、国内に張り巡らされた鉄道網でした。ドイツ軍は伝統的にロシア軍の動員が遅いことを前提に、鉄道で軍隊を迅速に動員し、緒戦で全力をあげてフランスを降伏させ、その後全軍をロシア軍に充てるという計画（立案者の名を採ってシュリーフェンプラン Schlieffen-Plan と呼ばれる）を立てました。この計画は敵も鉄道網を活用してくるという点や、鉄道網が破壊される可能性を考慮していないという根本的問題を抱えており、さらにロシア軍が予想外に早く行動したことから破綻しました。

　鉄道には、地域間の輸送および都市内の輸送という機能があります。その都市内の鉄道に関して、ドイツと日本には意外なつながりがあります。ドイツの首都ベルリンは町中に S-Bahn（Stadtbahn あるいは Schnellbahn に由来すると言われています）と呼ばれる近郊鉄道網が張り巡らされています。特に目を引くのが Ringbahn と呼ばれる環状線の存在であり、東京の山手線に似た位置を占めています（一周の時間もほぼ同じ）。また、ベルリン中心街の路線を見ると、赤煉瓦の高架橋下にレストランやカフェが入っており、新橋～上野間の景色と大変良く似ています。これは東京の鉄道網が建設された際の事情に由来しています。鉄道の敷設は明治政府にとって近代化の礎となる重要事業でしたが、当初の日本にはそのノウハウはなく、先進国であったドイツなどから御雇外国人を招きました。そうして招かれた御雇外国人の一人ヘルマン・ルムシュッテル（Hermann Rumschöttel）はベルリンの S-Bahn の建設にも携わったことがある人物であり、当時上野と新橋の 2 つのターミナル駅の間にある市街地に鉄道を通す方法として、ベルリンと同じ赤煉瓦の高架橋を提案したのです。ルムシュッテルの後任としてやってきたフランツ・バルツァー（Franz Baltzer）は耐震性に考慮して赤煉瓦ではなく鋼鉄製にすることを提案しましたが、結局コストの面からルムシュッテルの原案が採用されたようです。このバルツァーはベルリンの Ringbahn を参考に山手線の青写真を描いた人物です。

Kulturschock

カルチャーショック

Einführng

ドイツを知るために、次のホームページを活用してみましょう。
ここではドイツの美容院が紹介されています。

https://text.asahipress.com/free/german/4Jahreszeiten/video/mov_01_culture_04_Friseur.html

はじめに

　ドイツの美容院は店内の雰囲気も美容師の服装もとても個性的で、広々とした空間はくつろげるように工夫されています。欧米人と日本人では髪質が異なるため、様々な国籍やバックグラウンドを持つ人々が暮らすドイツでは美容師の技も問われます。

　日本人がドイツの美容院に行き、カルチャーショックを受けることは少なくありません。例えば、美容師に写真を見せながら自分の要望を説明しても、実際に髪を切ってもらうと仕上がりとの差が大きいことや、カラーリングしてもらっても希望とは違う色に仕上がることがしばしば起きています。これらの原因の1つには、髪質の違いが考えられます。ドイツ人の髪質は細くて柔らかく、猫っ毛であるのに対し、日本人の髪質は太くて固く、直毛です。この髪質の違いにより、美容師が日本人の髪を扱うことに不慣れであれば、要望通りに仕上げるのは至難の業なのです。このような理由から、ドイツにいる日本人は日系の美容院に行く人が多いようです。

課　題

　先程挙げた美容院の例以外にもカルチャーショックを受けることがあります。例えば、スーパーマーケットでの買い物です。日本では、週末にスーパーマーケットで買い物をすることは一般的ですが、ドイツではそうはいきません。なぜなら、日曜日は閉店しているからです。閉店法という法律のため、スーパーマーケットなどの小売店の営業時間は制限されています。同法の歴史は1900年に遡りますが、現行法は1956年に制定され、平日7時から18時半まで、土曜日は14時まで営業が認められ、日曜日の営業は認められていませんでした。

　しかし、同法に反対する人も多く、度々改正がなされ、規制が徐々に緩和されてきました。そして、2004年には各州に営業時間の規制権限が委譲されたため、州によって規制に違いが見られます。例えば、ベルリンでは日曜日も営業可能ですが、バイエルン州では日曜日の営業は一切認められていません。

　さて、この閉店法によりほとんどの州で日曜日の営業は認められていませんが、その理由とは一体何でしょうか。宗教・労働者・休みというキーワードから1つ選び、調べてみましょう。

1 髪型の表現を学びましょう。

以下の写真の髪型に合う単語を結び付けてみましょう。①長さ、②髪型、③前髪　について、合う表現を結び付けましょう。

① ....
② ....
③ ....

① ....
② ....
③ ....

① ....
② ....
③ ....

① 長さ	
kurz	短髪
lang	長髪
mittelkurz	ミディアム

② 髪型	
glatt	ストレート
gewellt	ウェーブがかった髪型
m. Haarkranz	編み込みでつくった髪型の一種
m. Doppelzopf	ツインテール
m. Dutt	シニヨン、お団子
m. Bob	ボブ

③ 前髪	
m. Pony	前髪（あり）
seitlicher Pony	横分けの前髪
kurzer Pony	短い前髪
keiner Pony	前髪なし

2 以下の５つのシチュエーションから一つ選び、何が起きたのか、どうしてそれが起きたのかを以下の表現を参考に尋ねてみましょう。

① 飛行機に乗り遅れる → 工事のために電車が 70 分遅延していた

② 電車が運休 → ストライキが起きていた

③ 誕生日パーティーで Jan が食事と飲み物をすべて準備した → Jan の誕生日だった
　　※ドイツでは誕生日を迎える人が誕生日パーティーを主催し、そのパーティーにかかる費用は全て本人が負担します。

④ 日曜日に隣人が苦情を言ってきた → パーティーを開いていた
　　※日曜日や祝日は全日、平日は 13:00-15:00, 20:00-07:00 の時間帯では Ruhezeit と呼ばれる静かにしなければいけない
　　　時間帯があります。この時間帯には大きな物音を立てる掃除機や洗濯機などを使ってはいけません。

⑤ 旅行会社からメールが返ってこなかった → 休暇中だった

---

verpassen 4 格 〜に乗り損ねる　　sich um ... Minuten verspäten …分遅れる　　f. Baustelle 工事

wegen [2 格] 〜のために　　ausfallen 運休する　　m. Streik ストライキ　　Geburtstagsparty 誕生日パーティー

4 格 für 4 格 vor|bereiten / sich auf 4 格 vor|bereiten （〜のために）〜を準備する　　m. Nachbar 隣人

sich bei 3 格（人）über 4 格（人／物）beschweren （人）に（人／物）について苦情を言う　　statt|finden 行われる

s. Reisebüro 旅行会社　　zurück|schicken 返送する　　im Urlaub sein 休暇中である

※再帰動詞は 20 課で学習する項目です

🎧 **40** **3** 以下はパーティーについての会話です。日本語文を参考に以下の単語から適切な語を選び、( ) に入れてみましょう。

A : Hey, hast du morgen Abend Zeit? Es ( ) eine Party im Zentrum ( ). Die Party ( ) um 10.

やあ、明日の夜、空いている？ 中心街でパーティーが開かれるんだ。そのパーティーは 10 時に始まるんだ。

B : So spät?!

遅すぎない？

A : Aber wenn du genau um 10 ( ), findest du niemanden. Alle ( ) erst eine oder zwei Stunden später ( ).

でも、10 時ぴったりに到着しても、誰もいないよ。みんな 1 時間か 2 時間ぐらい遅れてやってくるんだ。

B : Aber wie kommt man nach Hause?

でも、どうやってお家に帰るの？

A : Keine Sorge, die U-Bahn ( ) am Wochenende auch nachts alle 15 Minuten!

安心して。週末の夜は 15 分間隔で地下鉄が運行しているんだ。

> an|kommen beginnen statt|finden verkehren

🎧 **41** **4** 以下はドイツのサウナについての会話です。日本語文を参考に以下の単語から適切な語を選び、( ) に入れてみましょう。

A : Jetzt gehe ich in die Sauna, weil ich die Sauna ( ). ( ) du ( )?

サウナが恋しいから、今からサウナに行くんだ。君も一緒に行く？

B : Gerne! Aber weißt du, ob ich dort ein Badetuch ( ) kann?

行きたい！ でも、そこでバスタオルを借りられるかわかる？

A : Ja, das kannst du ausleihen!

大丈夫、そこで借りられるよ！

B : Super!

すばらしい！

[Sie haben sich ( ), dann sind sie in die Sauna ( ).]

［彼らは服を脱ぎ、サウナへ入った］

B : Was? Gemischte Sauna!?

え？ 混浴なの？

A : Ja, warum?

そうだよ、どうして？

B : Unglaublich, denn man ( ) Badebekleidung ( ), wenn man in japan in die gemischte Sauna geht.

信じられない、日本では混浴のサウナに入るなら水着を着るんだよね。

A : Echt? Normalerweise ist man nackt in der Sauna in Deutschland.

本当？ ドイツだとサウナでは裸でいるのが普通だよ。

B : Das wusste ich nicht. Und wie ist es im Thermalbad?

知らなかった。そしたら、温泉はどうなの？

A : Dort ( ) man die Badebekleidung ( ).

温泉では水着を着るよ。

B : Das ist anders als in Japan.

日本とは違うんだな。

> an|ziehen aus|leihen aus|ziehen hinein|gehen mit|kommen vermissen

次のことわざの意味を考えてみましょう。対応する日本語のことわざがあればそれを挙げましょう。

1 Viele Köche verderben den Brei.

2 Die Dummen sterben nicht aus.

Kolumne コラム

　「郷に入っては郷に従え」とは言いますが、外国に行くと思わぬ文化の違いに驚かされることがあります。その違いに慣れることができずホームシックになってしまったり、白い目で見られてしまうこともあるかもしれません。ここではドイツと日本の生活面での重要な違いを2つ取り上げています。

①電車の乗り方
ドイツの駅には改札がありません。つまりチケットを買わなくてもホームに入ることができてしまうのです。しかし、当然お金を払わずに電車に乗ることは犯罪です。電車に乗る際にはホームなどにある券売機でチケットを購入し（有効期限・有効区間ごとに料金が違う）、さらにホーム上にある打刻機に必ず通さなければなりません。これをしないとチケットは有効とみなされません。では誰がどこでチケットをチェックするのかというと Kontrolleur と呼ばれる係員がランダムなタイミングでランダムな駅から乗車し、乗客のチケットをチェックするのです。この際、有効なチケットを持っていないと高額の罰金を支払わなくてはなりません。

打刻機　**Entwerter**

②お客様は神様ではない
日本では「お客様は神様です」という言葉があるほど、基本的にお店は客に対して下手に出ます。同じような対応を期待しているとドイツでは面食らうかもしれません。例えばスーパーなどでレジ担当の人は座っていますし、バスの運転手は電話をしているかもしれません。また、バーなどに入って注文を聞かれるのを待っていても、いつまで経っても聞かれることはありません。タイミングを見計らって大声で注文しましょう。

クリスマス

Einführrng

ドイツを知るために、次のホームページを活用してみましょう。
ここではクリスマスについて紹介されています。

https://text.asahipress.com/free/german/4Jahreszeiten/video/mov_07_event_01_Weihnachten.html

はじめに

　クリスマス（Weihnachten）はキリスト教由来の行事ですが、欧米をはじめ全世界に普及しており、日本人にも馴染みのものになっています。そしてクリスマスと言えばクリスマスツリーです。その起源はドイツにあります。材料であるモミの木は、冬でも葉が落ちないことから精霊が宿ると考えられていました。そのため、人々は豊かな恵みを願い、クリスマスツリーに華やかな飾り付けを行います。薄暗い部屋の中に灯る温かさを感じるロウソクの光は、人びとの心に明かりを灯します。

　また、クリスマスの4週前の日曜日からアドヴェント（Advent）と呼ばれる期間に入ります。この期間には、町にクリスマスマーケット（Weihnachtsmarkt）が立ち、家ではアドヴェントカレンダー（Adventskalender）を飾り、アドヴェントクランツ（Adventskranz）と呼ばれる装飾されたリースに4本のロウソクが立てられたものを用意し、人々はクリスマスを待ちわびます。アドヴェントクランツに日曜日ごとに1本ずつロウソクに火を灯していき、4本目のロウソクに火が灯るとクリスマスがやってきます。

課　題

　クリスマスはイエス・キリスト誕生の日とされていますが、実は聖書の中にはイエスが12月25日に生まれたという記述は見当たりません。つまり、イエス誕生の日を史実として記した史料は在証されていないのです。

　クリスマスの起源は古く、ヨーロッパではキリスト教が広まる前の異教時代のある祝祭に関係していると言われていますが、一体どのような祝祭なのでしょうか。冬至、太陽をキーワードに調べてみましょう。

1 クリスマスの歌を聞いてみましょう。　➡ 参考 web ページ

O Tannenbaum

Melodie: Volksweise
Text: Joachim August Zarnack, Ernst Anschütz

1. O Tan-nen-baum, o Tan-nen baum, wie grün sind dei-ne

Blät-ter! Du grünst nicht nur zur Som-mer-zeit, nein,

auch im Win-ter wenn es schneit. O Tan-nen-baum, o

Tan-nen-baum, wie grün sind dei-ne Blät-ter!

※ 歌詞は、さまざまなバージョンがあります。

2 クリスマスに関係する単語を覚えましょう。

Frohe Weihnachten! / Fröhliche Weihnachten! メリークリスマス！　*m.* Heiligabend クリスマスイブ

m. Weihnachtsbaum, -bäume クリスマスツリー　*m.* Weihnachtsmann, -männer サンタクロース

m. Sankt Nikolaus 聖ニコラウス　*n.* Rentier, -e トナカイ　*m.* Schlitten, - そり　*m.* Schnee 雪

m. Schneemann, -männer 雪だるま　*m.* Engel, -n 天使　*n.* Geschenk, -e プレゼント

n. Plätzchen, - / m. Keks, -e クッキー　*f.* Kerze, -n キャンドル　m. Adventskalender, - アドベントカレンダー

m. Adventskranz, -kränze リース　*m.* Weihnachtsmarkt, -märkte クリスマスマーケット

m. Glühwein グリューワイン／ホットワイン　Knecht Ruprecht クネヒト・ループレヒト

3 家族や友人、恋人にクリスマスカードを書いてみましょう。以下の表現や例を参考にしてください。

＜クリスマスの挨拶＞

メリークリスマス！
- Frohe Weihnachten!

よいお年を迎えられますように！
- Guten Rutsch ins neue Jahr.
- Ich wünsche dir alles Gute für das neue Jahr!
- Ich wünsche dir ein glückliches neues Jahr!

＜クリスマスカード（例）＞

> Lieber / Liebe [NAME],
>
> [クリスマスの挨拶]
>
> Viele Grüße / Liebe Grüße, [NAME]

4 Glühwein を作ってみましょう。

クリスマスの時期になると、自宅でもつくれるグリューワインのもと (Glühweingewürz) が売られます。次のドイツ語を見て、材料には何が必要か読み取ってみましょう。

ZUTATEN

- 0,75 l trockener Rotwein
- 1 unbehandelte Zitrone
- 1 Beutel Glühweingewürz
- 3 EL Zucker
- eine Prise Kardamom

グリューワインを作るのに必要な材料を選び、□にチェックを入れましょう。

① □ 　② □ 　③ □ 　④ □ 　⑤ □

⑥ □ 　⑦ □ 　⑧ □ 　⑨ □

次のことわざの意味を考えてみましょう。対応する日本語のことわざがあればそれを挙げましょう。

❶ Gute Ware lobt sich selbst.

❷ Das Gute bricht sich Bahn.

Kolumne コラム

　日本ではハロウィーンが終わるとすぐにクリスマス関連の商品が店頭に並び、早くも街はクリスマスへの準備を始めます。一方、ドイツなどキリスト教圏ではクリスマスはイエス・キリストの誕生を祝う重要な行事です。クリスマスといえばサンタクロースですが、サンタクロースはドイツでは Weihnachtsmann と呼ばれます。他にも似たような存在として Sankt Nikolaus がいます。

　そもそもサンタクロースは 4 世紀に実在した聖ニコラウスという司教をモデルとしているため、Sankt Nikolaus の方が名前からすると本来のサンタクロースのように思えます。実際、聖ニコラウスの祝日である 12 月 6 日に子供達にプレゼントを送るという習慣はすでに中世には行われていたようです。しかし、このニコラウスはクランプス (Krampus) やルプレヒト (Ruprecht) という恐ろしい形相のお伴を連れて家々を周り、子供が一年間よい子にしていたかを確認し、よい子にはお菓子などを靴に入れますが、悪い子には親が子供を躾けるのに使う鞭などを残していくといいます。つまり、我々が抱くサンタクロースのイメージとは異なるところがあり、また祝日の日も異なります。

　現代のサンタクロースは、陽気で白い髭を蓄えた老人というイメージですが、これはオランダにおいて聖ニコラウスが受容された形である Sinterklaas がアメリカで様々な要素と混ざって形成されたと言われています。それがドイツに逆輸入されたのが Weihnachtsmann なのです。

聖ニコラウスと脇に控えるルプレヒト

クランプス

Gesundheitssystem

ドイツの医療

Einführng

ドイツを知るために、次のホームページを活用してみましょう。
ここではドイツの医療制度について紹介されています。

https://text.asahipress.com/free/german/4Jahreszeiten/video/mov_10_enviroment-medical_01_medical.html

はじめに

　ドイツ人はどの家庭でもホームドクターを持っています。どんな病気でもまずはホームドクターの診察を受け、必要に応じて専門医や病院を紹介してもらいます。患者は、健康保険加入の証明となる健康保険カードを提示すれば、無料で診察・治療を受けることができますが、薬代は18歳未満を除き自己負担となります。

　また、健康保険への加入は法律で義務付けられており、その保険は公的保険とプライベート保険の2種類に分かれます。約90%の国民が公的保険に加入する一方、比較的収入の多い人がプライベート保険に加入しています。プライベート保険の被保険者はまず、個人で診察料全額を支払い、その後保険会社に請求をして払い戻しを受けます。

課　題

　医師が記入する診療録である「カルテ」、骨折などの治療で患部を固定する「ギプス」、擦り傷などの止血に用いる「ガーゼ」などの用語を一度は耳にしたことがあるかと思います。実は、これらの用語はすべてドイツ語由来なのです（カルテ：Karte、ギプス：Gips、ガーゼ：Gaze）。このようにドイツ語から日本語への借用語は医学用語において多く見られます。これは、明治時代初期に日本がドイツ医学を導入したことに起因します。

　しかし、江戸時代には、オランダのみ通商が認められていたため、オランダを通じて西洋医学が受け入れられていました。そのため、日本初の西洋医学書の翻訳『解体新書』は、オランダ語で書かれた医学書を底本としていました。

　このように日本の医学は、江戸時代から明治時代にかけてオランダ医学からドイツ医学に移行しました。では、この移行の要因となったものは一体何でしょうか。調べてみましょう。

1 ペアになってロールプレイをしてみましょう。

🎧
42

① 下の文をペアになって読んでみましょう。

医者 : Was fehlt Ihnen?

患者 : Ich bin eine Treppe heruntergefallen.

医者 : Was tut Ihnen weh?

患者 : Mein Bein tut weh.

　　　[Der Arzt drückt auf die kranke Stelle].

患者 : Au!

医者 : Ich schreibe ein Rezept für Schmerztabletten und eine Salbe.

患者 : Danke schön!

② 以下の表現をつかって、1人が患者、1人が医者役になってロールプレイをしてみましょう。上で読んだ会話を参考にしてください。

＜…が痛い＞ ... tut weh.

足が痛い　　　　　　　　　　　　　　　　Mein Bein tut weh.

＜症状＞

胃のあたりが痛い　　　　　　　　　　　　Ich habe Schmerzen in der Magengegend.

寒気の後に熱が出た　　　　　　　　　　　Fieber tritt nach Schüttelfrost auf.

下痢を繰り返している　　　　　　　　　　Der Durchfall ist häufig.

全身に発疹が出た　　　　　　　　　　　　Ich habe Ausschlag am ganzen Körper.

＜処方箋を出す＞

痛み止めとクリームを処方する　　　　　　Ich schreibe ein Rezept für Schmerztabletten und
　　　　　　　　　　　　　　　　　　　　eine Salbe.

＜その他＞

階段から落ちた　　　　　　　　　　　　　Ich bin die Treppe heruntergefallen.

痛みを表す語　　　　　　　　　　　　　　Aua! / Autsch! / Ahh!

---

f. Anämie, -n 貧血　　*m.* Arzt, Ärzte 医者　　*pl.* Bauchschmerzen 腹痛　　*n.* Coronavirus コロナウイルス

n. Fieber 熱　　*m.* Husten, - 咳　　*m.* Hustensaft, -säfte 咳止めシロップ　　*pl.* Kopfschmerzen 頭痛

n. Krankenhaus, -häuser 病院　　*m.* Krankenpfleger, - 看護師　　*m.* Krankenwagen, - 救急車

Medikament verschreiben 薬を処方する　　*pl.* Magenschmerzen 胃痛　　*m.* Patient, -en 患者

f. Quarantäne, -n 隔離　　*f.* Salbe, -n 軟膏　　*m.* Schwindel 眩暈　　*f.* Tablette, -n 錠剤　　*pl.* Tropfen 滴薬

f. Übelkeit, -en 吐き気

2 ドイツでは、様々な症状に効くハーブティーがスーパーなどでも多く売られています。

① 次のハーブティーは、何に効くものか調べてみましょう。

A

B

C

D

② それぞれの人物の症状に合わせて、どのハーブティーを買えば良いか、**①** の中から選びましょう。

a Mia ....

Ich habe Husten!

b Eduard ....

Ich habe nach dem Essen immer Schmerzen.

c Christoph ....

Ich bekomme öfter Bluthochdruck.

d Sabine ....

Ich habe so schlimmen Husten, dass ich mehrmals pro Nacht wach werde.

次のことわざの意味を考えてみましょう。対応する日本語のことわざがあればそれを挙げましょう。

❶ Hunde, die bellen, beißen nicht.

❷ Wer fremde Sprachen nicht kennt, weiß nichts von seiner eigenen.

Kolumne コラム

　既に述べたように、日本が開国し西洋化を進めていた当時のドイツは医療先進国であり、『舞姫』などの作品で知られる森鴎外がドイツに留学したのも、衛生学を学ぶためでした。そのため、「医学書はドイツ語で書いてある」とか「医者はカルテをドイツ語で書く」などという話をしばしば聞きます。もっとも現在では医学の分野でも英語が主流となっており、ドイツ語は慣習的に用いられる単語に限定されているようです。

　とはいえ、日本では今日でも、ドイツからの医学や化学の分野での影響を見ることができます。例えばナトリウムを英語で sodium と言うことに驚く人もいるかもしれませんが、ナトリウム (Natrium) という名称はドイツ語由来です。他にも（独）カリウム Kalium（「アルカリ」と同じく「灰」を意味するアラビア語が語源）に対して（英）potassium などもあります。また、周期表を覚える際に「水兵リーベ僕の船」とリチウム、ベリリウムの並びを Liebe になぞらえているのもドイツ語の影響が強かった時代の名残と言えるでしょう。

森鴎外

UNESCO-Welterbe

世界遺産

Einführng

ドイツを知るために、次のホームページを活用してみましょう。
ここではドイツの世界遺産について紹介されています。

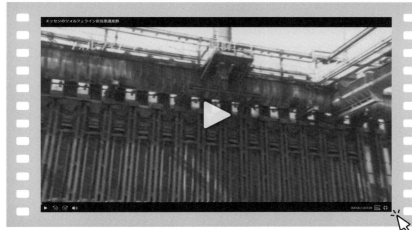

https://text.asahipress.com/free/german/4Jahreszeiten/video/mov_12_unesco_07_Zeche_Zollverein.html

はじめに

　2023年1月現在、ユネスコに登録されている世界遺産は1157件であり、その内の51件がドイツにあります。この登録件数は世界で3番目に多い国です（1位が58件のイタリア、2位が56件のスペイン）。

　さて、動画で紹介されたツォルフェアライン炭鉱業遺産群（Zeche Zollverein）は「世界で最も美しい炭坑」と評価されている施設です。この施設は、19世紀末から第二次世界大戦後までの炭鉱業や鉄鋼業の発展が著しい時代では、石炭を採掘する炭坑とそれを加工するコークス工場として機能していました。しかし、20世紀に入ると燃料の主流が石炭から石油へ移行したことによって石炭の需要は減少し、その結果、1986年にツォルフェアラインは採掘を停止し、1993年にはコークス工場も操業を停止しました。その後、ノルトライン＝ヴェストファーレン州が廃坑となった跡地を買い上げ、ルール地方の産業遺産を整備した結果、2001年世界遺産に登録されました。

課　題

　自然豊かなドイツ語圏のスイスには世界遺産が13件登録されています。その中でも、2001年に世界自然遺産として認定されたスイス南部のアルプスにあるアレッチ氷河（Aletschgletscher）は、全長23kmもあることからアルプス最大の氷河と言われ、これまで多くの人々を魅了してきました。

　しかし近年、地球温暖化の影響によって氷河の溶解が早まり、消滅の危機に瀕しています。今世紀末にも消滅してしまうとも言われているアレッチ氷河ですが、消滅することによって様々な影響を及ぼすと考えられます。その影響とは一体何であるかを調べてみましょう。

1 以下は看板でよく見る表現ですが、どういうことを表しているでしょうか、調べてみましょう。

① Nicht rauchen.

② Hier nicht parken.

③ Zurückbleiben bitte.

④ Einfahrt freihalten.

⑤ Keine Fahrräder abstellen.

⑥ Fotografieren verboten.

2 ドイツにある世界遺産を調べてみましょう。以下の世界遺産はどこに位置し、いつ建てられ、いつ世界遺産に登録されたのでしょうか。調べてみましょう。

①
Schloss Sanssouci

②
Klassisches Weimar

③
Dom zu Speyer

④
Aachener Dom

3 ペアになって、行ってみたい世界遺産を上の **2** から選んで紹介してみましょう。ペアの意見を聞いて、応じてみましょう。以下の例を参考にしてください。

A : Ich möchte … besuchen, weil …

B : Das klingt interessant!
Das ist super!
Das ist langweilig...

43

4 ケルン大聖堂について書かれた文を聞いてみましょう。

Köln ist eine große Stadt in Nordrhein-Westfalen. Wenn man von Köln spricht, denkt man an den Kölner Dom. Der bekannte Dom befindet sich direkt neben dem Hauptbahnhof in Köln. Die erste Version wurde im 4. Jahrhundert erbaut. Ein Feuer, das 1248 ausgebrochen ist, und viele Kriege, besonders der Zweite Weltkrieg, beschädigten das Bauwerk. Nach dem Wiederaufbau sieht man heute die dritte Version vom Dom.

Es ist die größte Kathedrale im gotischen Stil, und zwar 85 Meter breit und 157 Meter hoch. Man kommt nach der Treppe mit den 533 Stufen zur Plattform des Turms. Von dort kann man das Stadtbild und den Rhein sehen. Seit 1996 ist der Kölner Dom auf der Liste des UNESCO-Weltkulturerbes. Man zählt ihn zu den meistbesuchten Sehenswürdigkeiten Deutschlands.

聞いた内容を元に、次の①〜⑤の問題に答えましょう。

① どこに位置していますか？

② 最初に建てられたのはいつですか？

③ 塔の高さは何メートルですか？

④ 塔の上へはどうやって上がりますか？

⑤ 世界遺産に登録されたのはいつですか？

建物に関する語彙

f. Kirche, -n 教会　　*n.* Rathaus, -häuser 市庁舎　　*m.* Bahnhof, -höfe 駅　　*m.* Hafen, Häfen 港

m. Flughafen, -häfen 空港　　*n.* Parlament, -e 国会議事堂　　*m.* Park, -e 公園　　*f.* Schule, -n 学校

n. Museum, Museen 博物館　　*f.* Burg, -en 城、城塞　　*n.* Schloss, Schlösser 城、宮殿

n. Denkmal, -mäler モニュメント、記念碑

次のことわざの意味を考えてみましょう。対応する日本語のことわざがあればそれを挙げましょう。

1 Eile mit Weile!

2 Spare in der Zeit, so hast du in der Not.

Kolumne コラム

　ドイツには現在、48の文化遺産と3つの自然遺産を合わせた51の世界遺産があります。これらには氷河期の芸術やローマ時代の遺跡から現代建築、大量の化石を産するメッセル採掘場など多様な歴史を感じさせるものも含まれます。

　ドイツの世界遺産を語るうえで避けては通れない、また、世界遺産のあり方を考える上でも重要なのはかつて世界遺産に登録されていたドレスデン・エルベ渓谷です。これは現時点で世界遺産から削除された、ただ2つの例のうちの1つです。

　第8課のコラムでも紹介されたドレスデンはすでに述べたように美しい建築物を誇る都市であり、エルベ川の渓谷と合わせた歴史的景観が評価されて2004年に世界遺産に登録されました。しかし、エルベ川に近代的な橋をかける計画がそれ以前からあり、世界遺産に登録されたことからこれが問題となりました。街は橋建設の賛成派と反対派に分かれて論争が続き、住民投票によって趨勢を決めることになりました。その結果、街の渋滞を解消する必然性などを主張する賛成派が多数を占め、建設が決定しました。当然、世界遺産委員会は橋の建設によって景観が損なわれることによる、世界遺産リストからの削除の可能性をチラつかせていましたが、住民投票時には住民にこの事実が周知されていなかったとも言われています。橋建設賛成派は建設によっても景観は損なわれないとし、世界遺産リストからの削除を延期させましたが、最終的に2009年に世界遺産リストから抹消されました。これは住民にとって必要な橋の建設と世界遺産のどちらを取るのかという論争において住民が前者を取る決断をしたという例です。「これもまた民主主義だろう」という意見が当時のインタビューで聞かれました。

➡ インタビューを見る

エルベ川に架かるヴァルトシュレシヒェン橋

Immigrant

ドイツの移民

Einführng

ドイツを知るために、次のホームページを活用してみましょう。
ここではドイツの移民事情が紹介されています。

https://text.asahipress.com/free/german/4Jahreszeiten/video/mov_06_politics_02_Einwanderung.html

はじめに

　戦後ドイツは多くの外国人を受け入れ、その外国人と共に復興の道や高度成長期を歩んだという歴史があります。とりわけトルコ人が多く、現在では多くの人がドイツ国籍を取得しています。ベルリンのクロイツベルク（Kreuzberg）地区は、トルコ人が多く住み、トルコレストランはもちろん衣料品店やトルコ系の銀行もあります。また、トルコ料理の食材店が立ち並ぶ市場は、観光客にも人気があります。

　上記の外国人受け入れ以外にも、ドイツ経済に魅力を感じドイツに移住してきた人達も多くいました。このような背景から、様々なバックグランドを持つ人々を経済的、文化的にドイツ社会に融合させることを促進する「移住法」が2005年に制定されました。この法により、ドイツ語の習得、法律、規律、文化、歴史などを学ぶ講習会が実施されるようになりました。

課 題

　2022年時点でドイツの全人口は約8310万人です。そのうち28.7%にあたる約2380万人は「移民の背景（Migrationshintergrund）」を持っています。「移民の背景」を持つ人々とは、ドイツに移住してきた人、ドイツ生まれの外国人、ドイツ国籍を取得した外国人、両親のうち片方あるいは両方が移民してきた人達です。ドイツで「移民の背景」を持つ人々が多い理由の1つは、「はじめに」で紹介した戦後の外国人受け入れです。彼らは短期間の雇用契約を結ぶガストアルバイター（Gastarbeiter）として受け入れられました。1970年代に起きたオイルショックによってドイツは経済不況に陥り、受け入れを停止しましたが、ガストアルバイターが家族をドイツに呼び寄せたことによって減少する見込みであった外国人は予測に反して増え続けました。

　さて、「移民の背景」を持つ人口の多くがトルコ系移民です。これは「移民の背景」を持つ人々の中で最も多い数値です。しかし、トルコ以外の他の国々からも受け入れられているにも関わらず、トルコ系移民が現在も多くいる理由とは一体何でしょうか。

1 友達と写真を見ています。下の会話文をペアで読んでみましょう。

44

① Wer ist das? これは誰

A: Wer ist das?

B: Das ist meine Gastfamilie: mein Gastvater, meine Gastmutter, mein Gastbruder und meine Gastschwester. Der Vater spricht drei Sprachen: Deutsch, Englisch und Türkisch.

A: Wieso spricht er Türkisch?

B: Er kommt aus der Türkei.

A: Achso! Ist er als Gastarbeiter nach Deutschland gekommen?

B: Nein, er ist als Student hergekommen und ihre Kinder sind in Deutschland geboren.

家族（die Familie）　家族のことを留学先で話すことも多いでしょう。単語をきっちり覚えましょう。

> *m.* Vater 父　　*f.* Mutter 母　　*pl.* Eltern 両親　　*m.* Bruder 兄弟　　*f.* Schwester 姉妹
>
> *pl.* Geschwister 兄弟姉妹　　*m.* Mann 夫　　*f.* Frau 妻　　*m.* Sohn 息子　　*f.* Tochter 娘
>
> *m.* Großvater / Opa 祖父　　*f.* Großmutter / Oma 祖母　　*pl.* Großeltern 祖父母　　*m.* Onkel 伯父／叔父
>
> *f.* Tante 伯母／叔母　　*m.* Cousin 従兄弟　　*f.* Cousine 従姉妹　　*m.* Neffe 甥　　*f.* Nichte 姪

② グループをつくり、会話をしてみましょう。

白い紙を1人1枚ずつ用意してください。そこにあなたの家族の絵を描き（もしくは家族写真でも OK です）、グループになって、どれが誰か、その人物の職業、年齢、住居等をドイツ語で説明してください。

45
例「兄弟姉妹はいますか？」

A: Hast du Geschwister?

B: Ja, ich habe einen Bruder und eine Schwester.

A: Was macht dein Bruder?

B: Er ist Lehrer. Er lehrt Mathematik in der Schule.

A: Was macht deine Schwester?

B: Sie ist auch Lehrerin, aber sie lehrt Kinder mit Migrationshintergrund Deutsch.

2 移民についての文章を読んだり聴いたりしてみましょう。

➡ Deutsche Welle の HP　Deutschlandlabor　10 Migration

3 ドイツ国籍を手に入れるためのテストとは？

　2018年9月1日から、ドイツの国籍取得を希望する16歳以上の外国人に国籍取得テスト（Einbürgerungstest）が課されることとなりました。

　テストは政治・憲法・歴史・文化・社会などのテーマに分かれており、あらかじめ発表されている全310問のうち、任意で33問が出題されます。4択方式で50%の17問以上正解すると合格となります。

　「ドイツ人として最低限知っておくべき」内容となるため、人口や連邦州の数、初代首相だけでなく、親としての義務や東西ドイツの分裂や統一の歴史など、連邦内務省（Bundesministerium des Innern）が定める内容となっています。ドイツ国籍を手に入れるためには、言語だけでなく、その国の歴史的な背景や文化の知識も必要だということになりますが、日本における移民の問題に則して考えてみると、どのような課題があると思いますか。

4 ドイツ語を聞いてみましょう。

トルコ語風のドイツ語社会方言とはどんなものでしょうか。

聞いてみる ➡ Deutschkurs für türkische Mitbürger

次のことわざの意味を考えてみましょう。対応する日本語のことわざがあればそれを挙げましょう。

Rom wurde nicht an einem Tag gebaut.

Kolumne コラム

　現代のドイツは人口の5人に1人が移民の背景（Migrationshintergrund）を持つと言われるほど、積極的に移民を受け入れてきました。特に記憶に新しいのは2015年の欧州難民危機です。当時、シリア内戦が激しさを増し、IS（イスラミックステート）が台頭するなどの人道危機が深刻化していました。そのため、シリア人を中心とする難民が保護を求めて欧州に流れ込んだのです。しかし、難民たちは業者に法外な値段の報酬を支払って粗末なボートで地中海を渡る危険や長時間徒歩でバルカン半島を横断する過酷な行程を取らざるをえませんでした。その結果、途中で命を落とす者があとを絶たず、人道的観点から難民を受け入れるべきであるという機運が高まります。当時のメルケル首相は Wir schaffen das!「私たちにはできる！」という合言葉とともに大量の難民を受け入れる方向へと舵を切りました。このような難民や移民への肯定的な態度を Willkommenskultur と呼びます。この決断は現在まで続く社会的混乱を招くことにもなりました。どのような混乱であるのか、そこはみなさんで調べてみてください。

　しかし、移民（Migranten）と難民（Flüchtlinge/Asylbewerber）は実際には異なる概念であり、ドイツには実に多様な移民の実態があります。古くは第二次世界大戦直後にドイツが現ポーランドなどに当たる領土を失った際に、そこから現在のドイツの領域に引き上げてきたドイツ人を大量に受け入れたことに起源を持ちます。その後、高度経済成長期には東西両ドイツが Gastarbeiter という外国人労働者を積極的に受け入れます。東ドイツは共産圏のつながりで主にベトナムから、西ドイツはトルコや南欧から彼らを労働者として受け入れました。そのため、現在のドイツではトルコ系は約283万人とも言われています。

トルコ人が多く住む、ベルリンのクロイツベルク地区

Bildungssystem

ドイツの教育制度

Einführng

ドイツを知るために、次のホームページを活用してみましょう。
ここではドイツの教育制度が紹介されています。

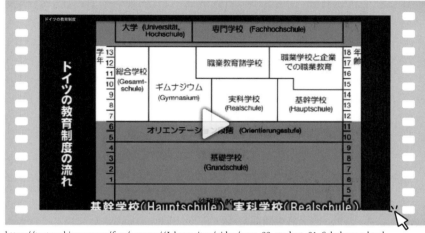

https://text.asahipress.com/free/german/4Jahreszeiten/video/mov_09_student_01_Schulwesen.html

はじめに

　ドイツの教育制度は各州で定められています。州ごとに違いはありますが、概ね次のようになっています。義務教育は日本と同じ9年間です。満6歳で8月に小学校（Grundschule）に入学します。4年生までが小学校で、その終了時点でどの方向に進むかを決定しますが、5,6年生はそれが適しているかどうかを見極める期間です。その後、職業訓練を受ける基幹学校（Hauptschule）、上級専門学校や全日制の職業訓練学校に進む実業学校（Realschule）、大学進学を目指すギムナジウム（Gymnasium）の概ね三方向に分かれます。

　一般的には、授業は午前中だけでしたが、最近では午後も行うことを求める運動が各地で活発になり、生徒と保護者、それに教員も一緒になって州に対して改善の要求をしています。

課題

　上述のとおり、ドイツの教育課程には日本との大きな違いが見られます。それは、小学校の最終学年である4年生までに、進路を決めなければならないことです。つまり、高等教育を受けるか、職業教育を受けるか決断しなければならないのです。ただし、基礎学校卒業後の2年間は観察指導段階（Orientierungsstufe）という期間が設けられており、その期間終了後に進学校を決定する制度もあります。

　さて、ドイツ人の子供は教育課程上、早い段階で将来を決めなければいけません。それゆえ、しばしばこの教育課程が問題とされています。この教育制度についてメリットとデメリットは何が考えられるでしょうか。みなさんのこれまでの経験を踏まえ、考えてみましょう。

1 大学のサイトにアクセスして、どのような学部があるか見てみましょう。

❶ 例として、ウィーン大学のHPを見てみましょう。 ➡ HPをみる

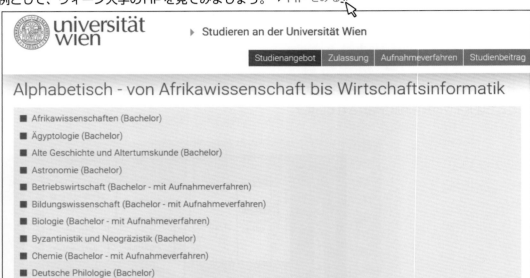

❷ 自分の興味のある学部を調べてみましょう。（例として、上記でDeutsche Philologieを選択してみます）

2 実際に履修を組んでみましょう。

❶ 上記の中、自分の専攻に該当する分野について調べてみよう（卒業に必要な単位数、など）。

❷ さらに下記のURLにアクセスすることで、履修のページ（シラバス）を開き履修を考えることができます。

❸ 自分の選んだ学部を見つけてください。

Studienprogrammleitung 10 - Deutsche Philologie 🔲

10.01 Bachelor Deutsche Philologie (617 [2] - Version 2011)
10.02 Bachelor Lehramt UF Deutsch (193 045, 198 406)
10.03 Master Deutsch als Fremd- und Zweitsprache (814 [2] - Version 2017)
10.04 Master Deutsche Philologie (817)
10.05 Master Austrian Studies - Cultures, Literatures, Languages (Österreichstudien - Kulturen, Literaturen, Sprachen) (818)
10.06 Master Lehramt UF Deutsch (196 045, 199 506)
10.07 Erweiterungscurriculum Deutsche Philologie im Überblick (104)
10.08 Erweiterungscurriculum Deutsche Sprache (105)
10.09 Erweiterungscurriculum Deutschsprachige Literatur (106)
10.10 Erweiterungscurriculum Akademische Schreibkompetenz entwickeln, vermitteln und beforschen - Ausbildung von SchreibmentorInnen (107)
10.11 Lehrveranstaltungen mit Genderschwerpunkt
10.12 Fachtutorien

---

❹ シラバスを確認してみてください。
これは分野の基礎的な授業ですが、火曜日の 13:15-14:45 の授業で6ECT 取得できることがわかります。

n. Bachelorstudium 学士の勉強	*n.* Masterstudium 修士の勉強	*n.* Doktoratsstudium 博士の勉強

n. Bachelorstudium 学士の勉強   *n.* Masterstudium 修士の勉強   *n.* Doktoratsstudium 博士の勉強

n. Modul, -e モジュール   *f.* Vorlesung, -en 講義   *n.* Seminar, -e セミナー   *n.* Hauptseminar, -e 専門セミナー

n. Projektseminar, -e プロジェクトセミナー   *n.* Oberseminar, -e 上級セミナー   *f.* Übung, -en 演習

n. Praktikum, Praktika 実習   *f.* Mensa, -s 食堂   *n.* Tutorium, -s 補習

46 会話例を参考に、何の授業を履修したか会話してみましょう。

A : Welchen Unterricht hast du ausgewählt?

B : Ich habe ○○ ausgewählt. Ich brauche ○ ECTS, um meinen Abschluss zu machen.

A : Was bedeutet ECTS?

B : ECTS ist die Kurzform von "European Credit Transfer System".

A : Dann brauche ich ○○ ECTS.

47 下の会話を読んで、①・②どちらの成績になるか考えてみましょう。

A : Wie waren deine Noten?

B : Das ist mein Zeugnis.

A : Was für eine Überraschung! Die meisten sind Fünfer!

B : Ja. … Wie waren deine Noten?

A : Die meisten sind Einser.

B : Toll!

A : Du wirst dieses Semester widerholen müssen.

B : Oh, nein!

①

Bezeichnung		
1.Semester	Note	ECTS
Mathematische Methoden	5	6
Technik des betrieblichen Rechnungswesens	5	4
Kosten-und Leistungsrechnung	5	5
Investition und Finanzierung	4	4

②

Bezeichnung		
1.Semester	Note	ECTS
Mathematische Methoden	1	6
Technik des betrieblichen Rechnungswesens	2	4
Grundzüge der Makroökonomik	1	8
Investition und Finanzierung	1	4

関連語彙

f. Note, -n 成績   *f.* Prüfung, -en 試験   *m.* Punkt, -en 点

Sehr gut 優   Gut 良   Befriedigend 良   Ausreichend 可

Mangelhaft 不可   Ungenügend 不可

95

次のことわざの意味を考えてみましょう。対応する日本語のことわざがあればそれを挙げましょう。

❶ Gut begonnen ist halb gewonnen.

❷ Ein gebranntes Kind scheut das Feuer.

Kolumne コラム

　ドイツでは基本的に幼稚園から大学まで、すべて無償という原則があります。これは外国人（ここでは非 EU 圏出身者を指します）にも適用され、基本的に誰であっても学費 Studiengebühren を払わずに教育を受けることができます。

　しかし、2000 年代以降、学生数の増加に伴って大学の運営が財政難に陥ると、教育無償の原則を変更するべきではないかという議論が巻き起こりました。そのため、数度の有料化の試みが行われましたが、これは大きな反発を招きます。ドイツでは州単位で政策を決めることができるため、選挙では学費の撤廃を求める政党が勝利するなどして度々制度が変わりました。2020 年現在では、基本的にはドイツ国内では学費は無償になりました。しかし、州によっては通常の在学年数を超えると Langzeitgebühren が 500 ユーロ / 年かかったり、シニアの聴講生、外国人には学費を課すところもあります。

ハイデルベルク大学

　ドイツにおける大学の歴史は古く、教授と学生の間には親方と徒弟のような関係がありました。ドイツ最古の大学はハイデルベルクに 1386 年に設立されました。

➡ 参考 web ページ（Studis Online）

Karneval / Fasching / Fastnacht

カーニバル

Einführng

ドイツを知るために、次のホームページを活用してみましょう。
ここではミュンヘンのファッシングが紹介されています。

https://text.asahipress.com/free/german/4Jahreszeiten/video/mov_07_event_07_Fasching.html

はじめに

　みなさんが一度は聞いたことのあるお祭り「カーニバル（謝肉祭）」の呼び名ですが、ドイツでは地域によってその名称が異なります。動画で紹介されたミュンヘンを含むドイツ南部では「ファッシング」（Fasching）、西部では「カーニバル」（Karneval）、南西部では「ファストナハト」（Fastnacht）と呼ばれています。

　ところで、カーニバルとは復活祭（イースター）前の断食期間（Fastenzeit）が始まる前に、人々が思い切って大騒ぎすることです。この断食期間は復活祭の46日前から始まり、その最初の日は「灰の水曜日」（Aschermittwoch）と呼ばれています。カーニバルの期間は、都市によっては11月11日から「灰の水曜日」の前日までですが、その間にはアドヴェントやクリスマス、そして1月6日に「東方の三博士」（Heilige drei Könige）を祝うため、それまでは休止します。そして、1月7日から再開し、パレードや仮装などしてお祝いするのは、「灰の水曜日」までの6日間であり、その期間が最も盛り上がります。

課　題

　カーニバルはドイツ以外でも、とくにカトリックの影響が強い地域で行われています。例えばイタリアのヴェネツィアやブラジルのリオデジャネイロのカーニバルは世界的によく知られています。

　カーニバルといえば、たいていは2月や3月に開催されますが、ドイツの一部地域では11月11日に始まります。では、なぜカーニバルの始まりが11月11日なのでしょうか。調べてみましょう。

1 カーニバルについて学びましょう。

課題 で少し述べましたが、カーニバルはドイツに限らず、色々な地域で行われています。そのお祝いの仕方は地域によって様々で、例えば、ブラジルのリオデジャネイロでは踊りと音楽で盛大にお祝いし、イタリアのヴェネツィアでは仮面舞踏会の様に仮面を被り華やかにお祝います。それでは、ドイツのカーニバルはどのようにお祝いするでしょうか？ 調べてみましょう。

リオデジャネイロ

ヴェネツィア

ケルン

- Karneval
- Fasching
- Fastnacht
- Fasenacht
- Fasnet
- Faslam
- Fastelovend
- Fasteleer

地域によってカーニバルの名称が異なる

カーニバルの時期に売られているお菓子であるクラプフェン（Krapfen）には、様々なフレーバーがあります。以下はミュンヘンのパン屋さんで実際に売られているKrapfenの種類です。何味でしょうか、調べてみましょう。

① Vanille Krapfen

② Schwarzwälder Krapfen

③ Himburger Krapfen

Krapfen

❶ ペアを作ってA, Bを決め、AさんはBさんをカーニバルに誘いましょう。その際、以下の場所ややりたいこと、表現と会話の例を参考に、Aさんはどこのカーニバルに行きたいか、そこで何をしたいかを述べましょう。BさんはAさんに何をしたいか質問しましょう。

場所： 　　　ミュンヘン、ケルン、マインツ、デュッセルドルフ

やりたいこと：〇〇味のKrapfenを食べたい、パレード見たい、仮装したい

■ Wollen wir …? 　～しませんか　　　　　　　■ Lust haben, zu … ～したい
■ sich als … verkleiden ～に仮装する　　　　■ f. Parade パレード
■ sich auf … freunen 　～することを楽しみにする

例

A : Der Karneval in Köln findet nächste Woche statt. Wollen wir dorthin?

B : Ja, gute Idee! Was willst du da machen?

A : …

B : …

❷ 次に、BさんはAさんと一緒にカーニバルに行くかどうかを以下の表現を用いて答えてみましょう。

■ 行く場合：nicht / wenig zu tun haben 　　何もすることがない、あまりすることがない
■ 行かない場合：etwas / viel zu tun haben 　するることがある、たくさんすることがある

例

B : Ich habe jetzt viel zu tun. Nächsten Woche habe ich aber Zeit.

A : Gut, wann fahren wir dann dorthin?

B : …

次のことわざの意味を考えてみましょう。対応する日本語のことわざがあればそれを挙げましょう。

1 Reden ist Silber, Schweigen ist Gold.

2 Zwei Fliegen mit einer Klappe schlagen.

Kolumne コラム

　既に述べたように、ドイツでは地域によって「謝肉祭」の名称が異なっています。ケルンなどのライン地方では Karneval、ミュンヘンなどのバイエルン地方は Fasching、バーデンやスイスでは Fastnacht と呼ばれます。しかし、これらは完全に互換可能な用語というわけではなく、ケルンの祝祭のことを Fasching と呼んだり、逆にミュンヘンのものを Karneval と呼ぶことはできません。また、祝祭の中身もそれぞれ微妙に異なっており、それぞれの地方で人々の思い入れがあります。これらの用語のうち Fasching は最もカトリックの色が薄いものと言われていますが、伝統的にカトリックではないベルリンなどの北部でも用いられており、近年になってメディアの影響で広まったとも言われています。

　さて、このようにドイツは宗教の観点から見るとカトリックが多い南部と西部、そしてプロテスタントが多い北部に分けられます。これまでもドイツでは北部と南部で様々な違いがあることを述べましたが、16世紀初頭にルターが始めた宗教改革は結果的に宗派の分裂を引き起こしました。ルターは当時のカトリック教会の腐敗ぶりを批判し、改革を訴えました。この運動は決して新宗派の創設を目指したものではなかったのですが、折しも時の神聖ローマ皇帝兼スペイン国王は敬虔なカトリック教徒のカール5世でした。歴史家によって「神聖でもないし〜」と評されるほど両方の独立傾向が強かった神聖ローマ帝国の皇帝の中では非常に強力な権力を持ったカール5世でしたが、皇帝権の伸長を望まない諸侯の思惑が宗教改革と結びつき、彼らが反皇帝・反カトリック色を強めていくのを食い止められませんでした。宗教的対立はしばしば流血の惨事を招きましたが、その対立が最高潮に達したのが三十年戦争（1618-1648）です。この戦争ではドイツ国内の宗派対立（カトリックの皇帝対プロテスタントの地方領主）に留まらず、デンマークやスウェーデン、フランスなどの外国勢力の侵略にもあい、ドイツは荒廃しました。ルターは聖書をドイツ語に翻訳するなどドイツ語の発展に大きく寄与していましたが、この戦争によってフランス語の影響が強くなり、ドイツの文語はしばらくその発展を止めてしまいました。

マルティン・ルター

Deutsche Dialekt

ドイツ語の諸方言

Einführng

ドイツを知るために、次のホームページを活用してみましょう。
ここではドイツ語の諸方言が紹介されています。

 ▶ Eine Deutschlandreise fürs Ohr

 ▶ Regional German Dialects
▶ English vs. German vs. Swiss German (Zurich)
vs. Swiss German (Valais)

はじめに

ドイツの方言分布

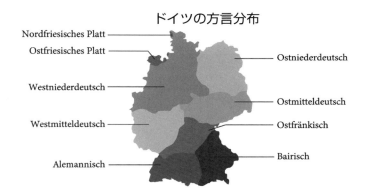

Nordfriesisches Platt
Ostfriesisches Platt
Westniederdeutsch
Westmitteldeutsch
Alemannisch
Ostniederdeutsch
Ostmitteldeutsch
Ostfränkisch
Bairisch

　ドイツでは日本と同様に様々な方言が話されています。例えば、Fleischer「肉屋」という単語はHamburgをはじめ北部ではSchlachter、BerlinやDresdenといった北東部および東中部などではFleischer、KölnやMünchenといった西中部および南部ではMetzgerというように地域によって「肉屋」を意味する単語は様々です。あるいは、過去の事象を表現する際にも違いが見られます。みなさんが学んできたドイツ語では、書き言葉は過去形、話し言葉は現在完了形が好んで用いられますが、ドイツ南部の地域では過去形は使用されず、基本的に現在完了形が使用されます。このように、方言差は語彙だけでなく、文法構造においても見られます。

課　題

　はじめに　ではドイツ国内の方言について触れてきましたが、実は、スイス、オーストリア、リヒテンシュタインといったドイツ語圏と呼ばれる地域以外でもドイツ語を話す地域があります。その地域とは一体どこでしょうか。調べてみましょう。

1 地域の違いを感じてみましょう。

地域によって挨拶は異なります。次の挨拶はどこの地域で話されているでしょう？

次の動画を見て、考えてみましょう。

 YouTube ➡ How Germans greet each other in different dialects | Super Easy German (116)

① Guten Tag!　　　② Grüß Gott!　　　③ Moin!

動画には出てきませんでしたが、以下の2つもどこで使われる表現か調べてみましょう。

④ Grüezi!　　　　⑤ Pfiaddi God!

2 ドイツ語圏に留学をしていた人たちが話しています。（A：ミュンヘン留学　B：ベルリン留学　C：ウィーン留学）

❶ 以下の会話文の下線部の3つのフレーズは同じ意味を表しています。何を意味しているでしょうか。

A：Als ich in Deutschland war, habe ich den Ausdruck, „.........................." gehört.

B：Was bedeutet das? Das habe ich nie gehört.

C：Das bedeutet „Guten Appetit". In Wien sagt man zum Beispiel „......................".

A：Ja genau, das ist ein Dialekt.

❷ それぞれの下線部には、以下の地図上のどの番号の挨拶が当てはまるでしょうか。適切な番号をそれぞれ選んでください。

2 以下a〜g はオーストリアで使われている方言です。標準ドイツ語とは異なる単語がいくつかあります。a〜gをそれぞれ、A〜Gの標準ドイツ語の意味と結び付けてみましょう。

a Erdapfel	・	・ A	Tomaten
b Schlagobers	・	・ B	Aubergine
c Semmel	・	・ C	Sahne
d Melanzani	・	・ D	Geldautomat
e Marille	・	・ E	Kartoffel
f Paradeiser	・	・ F	Brötchen
g Bankomat	・	・ G	Aprikose

3 下の会話例や単語を参考に2人組で話し合ってみましょう。

一般に「土曜日」を表現するのにドイツ語では Samstag, Sonnabend を用います。ただ、ドイツの一部の地域（ドイツ北西部のヴェストファーレン）では「土曜日」のことを Satertag と言います（ローマ神話の農耕神サートゥルヌスから来ている表現です）。この語などはオランダ語の zaterdag や英語の Saturday と繋がり、方言は国境を越えていることがわかります。

概略図で十分ですので、Samstag, Sonnabend, Satertag の方言分布図を描いてみましょう。

次のことわざの意味を考えてみましょう。対応する日本語のことわざがあればそれを挙げましょう。

① Andere Länder, andere Sitten.

② Gott sei Dank!

Kolumne コラム

　ドイツ語の方言は子音の発音を基準として北部と南部の大きく 2 つに分けられます。これは歴史的な観点からの話であり、例えばドイツ語の ch で表される音は、元々は /k/ だったと考えられています。これはドイツ語と親縁関係にある英語やオランダ語と比べるとよくわかります。

　　　　　（英）make　　　（蘭）maken　　　（独）machen

　この変化はドイツ南部で 8 世紀ごろに始まり、ドイツ中部で止まったと考えられています。そのため、ドイツ北部の方言はこの /k/ が /ch/ になるという変化を経ておらず、オランダ語と同様 ich ではなく ik と言うなどの特徴があります。また、この変化は語の始まりでは起こりませんでしたが、最もこの変化の影響を強く受けたスイスでは語の始まりでもこの変化が見られます。

　　　　　（蘭）kind　　　（独）Kind　　　（瑞）Chind

　元々の /p/ も /pf/ や /f/ に（英 apple ― 蘭 appel ― 独 Apfel）、/d/ は /t/ に（英 do ― 独 tun）なるなど類似の変化を経ており、これらはまとめて第二次子音推移（die zweite Lautverschiebung）と呼ばれます。ドイツ語をオランダ語や英語と比べると表現の上でも類似したものが見られます。

　　　　　（英）Thank you.　　　（蘭）Dank u wel.　　　（独）Danke schön.
　　　　　　　　　　　　　　　　　ダンキュー ヴェル

　また、スイスやオーストリアはドイツ語を公用語としていますが、オーストリアの標準的ドイツ語は発音や語彙の面でかなり癖がありますし、スイスは地域ごとの変異が激しく、ドイツ人からすると外国語のように聞こえるほど異なっています。

　以上のように一概にドイツ語が様々な国で話されていると言っても、その内実は非常に多様なヴァリエーションを含むものだということがわかったと思います。しかし、だからドイツ語を勉強しても役に立たないということはなく、実際にはドイツ北部でも標準語は通じますし、ここまでコテコテの方言で話す人も減ってきています。これにはラジオやテレビのようなメディアの普及が大きな役割を果たしました。今日ではむしろ語彙の違いなどの方が地域色を語る際にはよく引き合いに出されます。

主要不規則動詞変化表

不定詞	直説法現在	過去基本形	接続法第2式	過去分詞
backen (パンなどを)焼く	*du* backst *er* backt	**backte** **(buk)**	backte (büke)	**gebacken**
befehlen 命令する	*du* befiehlst *er* befiehlt	**befahl**	beföhle	**befohlen**
beginnen 始める，始まる		**begann**	begänne	**begonnen**
bieten 提供する		**bot**	böte	**geboten**
binden 結ぶ		**band**	bände	**gebunden**
bitten たのむ		**bat**	bäte	**gebeten**
bleiben とどまる		**blieb**	bliebe	**geblieben**
braten (肉などを)焼く	*du* brätst *er* brät	**briet**	briete	**gebraten**
brechen 破る，折る	*du* brichst *er* bricht	**brach**	bräche	**gebrochen**
brennen 燃える		**brannte**	brennte	**gebrannt**
bringen 持って来る		**brachte**	brächte	**gebracht**
denken 考える		**dachte**	dächte	**gedacht**
dürfen …してもよい	*ich* darf *du* darfst *er* darf	**durfte**	dürfte	**gedurft** **(dürfen)**
empfehlen 推薦する	*du* empfiehlst *er* empfiehlt	**empfahl**	empföhle (empfähle)	**empfohlen**
erschrecken 驚く	*du* erschrickst *er* erschrickt	**erschrak**	erschräke	**erschrocken**
essen 食べる	*du* isst *er* isst	**aß**	äße	**gegessen**
fahren (乗物で)行く	*du* fährst *er* fährt	**fuhr**	führe	**gefahren**

不定詞	直説法現在		過去基本形	接続法第2式	過去分詞
fallen 落ちる	*du* fällst *er* fällt		**fiel**	fiele	**gefallen**
fangen 捕える	*du* fängst *er* fängt		**fing**	finge	**gefangen**
finden 見つける			**fand**	fände	**gefunden**
fliegen 飛ぶ			**flog**	flöge	**geflogen**
fliehen 逃げる			**floh**	flöhe	**geflohen**
fließen 流れる			**floss**	flösse	**geflossen**
frieren 凍る			**fror**	fröre	**gefroren**
geben 与える	*du* gibst *er* gibt		**gab**	gäbe	**gegeben**
gehen 行く			**ging**	ginge	**gegangen**
gelingen 成功する			**gelang**	gelänge	**gelungen**
gelten 値する, 有効である	*du* giltst *er* gilt		**galt**	gölte	**gegolten**
genießen 享受する, 楽しむ			**genoss**	genösse	**genossen**
geschehen 起こる	*es* geschieht		**geschah**	geschähe	**geschehen**
gewinnen 獲得する, 勝つ			**gewann**	gewönne	**gewonnen**
graben 掘る	*du* gräbst *er* gräbt		**grub**	grübe	**gegraben**
greifen つかむ			**griff**	griffe	**gegriffen**
haben 持っている	*ich* habe *du* hast *er* hat		**hatte**	hätte	**gehabt**
halten 持って(つかんで)いる	*du* hältst *er* hält		**hielt**	hielte	**gehalten**
hängen 掛かっている			**hing**	hinge	**gehangen**

主要不規則動詞変化表

不定詞	直説法現在	過去基本形	接続法第2式	過去分詞
heben 持ちあげる		**hob**	höbe	**gehoben**
heißen …と呼ばれる		**hieß**	hieße	**geheißen**
helfen 助ける	*du* hilfst *er* hilft	**half**	hülfe	**geholfen**
kennen 知っている		**kannte**	kennte	**gekannt**
kommen 来る		**kam**	käme	**gekommen**
können …できる	*ich* kann *du* kannst *er* kann	**konnte**	könnte	**gekonnt** **(können)**
laden （荷を）積む	*du* lädst *er* lädt	**lud**	lüde	**geladen**
lassen …させる	*du* lässt *er* lässt	**ließ**	ließe	**gelassen** **(lassen)**
laufen 走る	*du* läufst *er* läuft	**lief**	liefe	**gelaufen**
leiden 悩む，苦しむ		**litt**	litte	**gelitten**
leihen 貸す，借りる		**lieh**	liehe	**geliehen**
lesen 読む	*du* liest *er* liest	**las**	läse	**gelesen**
liegen 横たわっている		**lag**	läge	**gelegen**
lügen うそをつく		**log**	löge	**gelogen**
messen 測る	*du* misst *er* misst	**maß**	mäße	**gemessen**
mögen …かもしれない	*ich* mag *du* magst *er* mag	**mochte**	möchte	**gemocht** **(mögen)**
müssen …ねばならない	*ich* muss *du* musst *er* muss	**musste**	müsste	**gemusst** **(müssen)**
nehmen 取る	*du* nimmst *er* nimmt	**nahm**	nähme	**genommen**

不定詞	直説法現在	過去基本形	接続法第2式	過去分詞
nennen …と呼ぶ		**nannte**	nennte	**genannt**
raten 助言する	*du* rätst *er* rät	**riet**	riete	**geraten**
reißen 引きちぎる	*du* reißt *er* reißt	**riss**	risse	**gerissen**
reiten 馬に乗る.		**ritt**	ritte	**geritten**
rennen 走る		**rannte**	rennte	**gerannt**
rufen 叫ぶ，呼ぶ		**rief**	riefe	**gerufen**
schaffen 創造する		**schuf**	schüfe	**geschaffen**
scheinen 輝く，思われる		**schien**	schiene	**geschienen**
schieben 押す		**schob**	schöbe	**geschoben**
schießen 撃つ		**schoss**	schösse	**geschossen**
schlafen 眠る	*du* schläfst *er* schläft	**schlief**	schliefe	**geschlafen**
schlagen 打つ	*du* schlägst *er* schlägt	**schlug**	schlüge	**geschlagen**
schließen 閉じる		**schloss**	schlösse	**geschlossen**
schmelzen 溶ける	*du* schmilzt *er* schmilzt	**schmolz**	schmölze	**geschmolzen**
schneiden 切る		**schnitt**	schnitte	**geschnitten**
schreiben 書く		**schrieb**	schriebe	**geschrieben**
schreien 叫ぶ		**schrie**	schriee	**geschrien**
schweigen 沈黙する		**schwieg**	schwiege	**geschwiegen**
schwimmen 泳ぐ		**schwamm**	schwömme (schwämme)	**geschwommen**

不定詞	直説法現在	過去基本形	接続法第2式	過去分詞
schwinden 消える		**schwand**	schwände	**geschwunden**
sehen 見る	*du* siehst *er* sieht	**sah**	sähe	**gesehen**
sein 在る	*ich* bin *wir* sind *du* bist *ihr* seid *er* ist *sie* sind	**war**	wäre	**gewesen**
singen 歌う		**sang**	sänge	**gesungen**
sinken 沈む		**sank**	sänke	**gesunken**
sitzen 座っている	*du* sitzt *er* sitzt	**saß**	säße	**gesessen**
sollen …すべきである	*ich* soll *du* sollst *er* soll	**sollte**	sollte	**gesollt** **(sollen)**
sprechen 話す	*du* sprichst *er* spricht	**sprach**	spräche	**gesprochen**
springen 跳ぶ		**sprang**	spränge	**gesprungen**
stechen 刺す	*du* stichst *er* sticht	**stach**	stäche	**gestochen**
stehen 立っている		**stand**	stünde	**gestanden**
stehlen 盗む	*du* stiehlst *er* stiehlt	**stahl**	stähle	**gestohlen**
steigen 登る		**stieg**	stiege	**gestiegen**
sterben 死ぬ	*du* stirbst *er* stirbt	**starb**	stürbe	**gestorben**
stoßen 突く	*du* stößt *er* stößt	**stieß**	stieße	**gestoßen**
streichen なでる		**strich**	striche	**gestrichen**
streiten 争う		**stritt**	stritte	**gestritten**
tragen 運ぶ	*du* trägst *er* trägt	**trug**	trüge	**getragen**

不定詞	直説法現在	過去基本形	接続法第2式	過去分詞
treffen 当たる，会う	*du* triffst *er* trifft	**traf**	träfe	**getroffen**
treiben 追う		**trieb**	triebe	**getrieben**
treten 歩む，踏む	*du* trittst *er* tritt	**trat**	träte	**getreten**
trinken 飲む		**trank**	tränke	**getrunken**
tun する	*ich* tue *du* tust *er* tut	**tat**	täte	**getan**
vergessen 忘れる	*du* vergisst *er* vergisst	**vergaß**	vergäße	**vergessen**
verlieren 失う		**verlor**	verlöre	**verloren**
wachsen 成長する	*du* wächst *er* wächst	**wuchs**	wüchse	**gewachsen**
waschen 洗う	*du* wäsch[e]st *er* wäscht	**wusch**	wüsche	**gewaschen**
werben 得ようと努める	*du* wirbst *er* wirbt	**warb**	würbe	**geworben**
werden (…に) なる	*du* wirst *er* wird	**wurde**	würde	**geworden** **(worden)**
werfen 投げる	*du* wirfst *er* wirft	**warf**	würfe	**geworfen**
wissen 知っている	*ich* weiß *du* weißt *er* weiß	**wusste**	wüsste	**gewusst**
wollen …しようと思う	*ich* will *du* willst *er* will	**wollte**	wollte	**gewollt** **(wollen)**
ziehen 引く，移動する		**zog**	zöge	**gezogen**
zwingen 強制する		**zwang**	zwänge	**gezwungen**

主要不規則動詞変化表

表紙デザイン

　　駿高泰子（Yasuco Sudaka）

本文デザイン

　　小熊未央

イラスト・図版

　　吉岡悠理：p.27, p.62 p.70, p.79, p.83 ①, p.101, p.102
　　駿高泰子（Yasuco Sudaka）：p.50
　　小熊未央：p.78（楽譜作成）
　　齋藤杏奈、村上絢子：p.9, p.11 p.18, p.30, p.31, p.35, p.38,
　　　　　　　　　　　　　p.83 ②, p.90, p.98
　　© https://urlaub.check24.de/reisewelt/karneval：p.98 地図

写真

　　木下初実：p.96
　　iStock：p.91
　　Shutterstock.com：上記以外

ドイツの四季　デジタルテキスト＋α

© 2024 年 1 月 30 日　　初 版 発 行

著　者　　　　　　　　　河　崎　　　靖
　　　　　　　　　　　　齋　藤　杏　奈
　　　　　　　　　　　　下　村　恭　太
　　　　　　　　　　　　中　西　志　門
　　　　　　　　　　　　中　峯　ちひろ
　　　　　　　　　　　　村　上　絢　子

発行者　　　　　　　　　小　川　洋一郎
販売者　　　　　株式会社　朝 日 出 版 社
　　　　　　101-0065　東京都千代田区西神田 3-3-5
　　　　　　　　　　TEL: 03-3239-0271
　　　　　　　　　https://www.asahipress.com/
　　　　　　組版：株式会社フィクス ／ 印刷：図書印刷